# 親鸞聖人伝繪

―御伝鈔に学ぶ―

東本願寺出版

# はじめに

真宗本廟《しんしゅうほんびょう》（本山・本願寺）では、毎年十一月二十一日より二十八日まで報恩講《ほうおんこう》がつとまり、二十五日の午後五時からは『御伝鈔《ごでんしょう》』が拝読されます。『御伝鈔』は正式には『本願寺聖人伝絵《ほんがんじしょうにんでんね》』といいます。これは宗祖親鸞聖人《しゅうそしんらんしょうにん》の伝記として最初のものであり、さらに聖人のご生涯を、「信行両座《しんぎょうりょうざ》」や「（山《やま》伏《ぶし》）弁円済度《べんねんさいど》」など、感銘深いエピソードを交えてなじみやすく述べられた点でも、画期的なものと評価されています。執筆者の覚如上人《かくにょしょうにん》（一二七〇〜一三五一）は、宗祖を常に本願寺聖人と崇《あが》め、真宗諸流のなかで本願寺こそ宗義の正統をうけ継ぐものとして、宗祖のご一生をば報恩の情をこめてしるされています。

覚如上人は、二十六歳永仁三年（一二九五）に、聖人のご生涯を讃え絵巻物として広く世に伝えんがため、絵詞《えことば》を著《あら》わし、初稿本の絵は聖人の直弟西仏房の孫、信州康楽寺の浄賀法眼《じょうがほうげん》に描かせられています。そのときのものは十三段でしたが、康永二年（一三四三）七十四歳には増補して十五段とされました。上巻八段、下巻七段の十五段から成っています。これが東本願寺に伝わる「康永本《こうえいぼん》」であります。この絵は浄賀法眼の子、円寂《えんじゃく》と門人宗舜《そうしゅん》が描いています。

しかし絵巻物では大ぜいの人が拝観できず、人数が限られますので、後に詞と絵に分けられるようになりました。その詞を『御伝鈔』、絵を『御絵伝』といいます。以来、毎年真宗寺院の報恩講では、内陣余間《よま》にこの康永本を原型とした四幅（または二幅）の『御絵伝』が掛けられ、『御伝鈔』が拝読されてまいりました。縦ながの軸物になった『御絵伝』は、下から上へと順々に宗祖の行実が解りやすく描かれています。

『御伝鈔』を概略しますと、上巻には、宗祖の求道《ぐどう》の歩みが、主に吉水時代を中心に語られ、下巻では、念仏停止《ちょうじ》の弾圧の嵐のただ中で、命をかけて念仏の道をひろめられんがため、ご苦労なされた越後・関東時代からご帰洛後に及び、さらに浄土へ還帰《げんき》なされたあと、廟堂《びょうどう》が建立され、お遺《のこ》しなされた念仏のともしびが、いよいよ輝きを増し、参詣のにぎわいはご生前をもしのぐほどになったと、その情景や廟堂建立にはじまる本願寺教団の成立まで語られています。そこには、のちのちの世まで、これを伝え護っていかねばならぬといった作者の強い責任感と使命感があふれ出ております。

このような尊い『御伝鈔』に学ぶ一助にもと、意訳のあとに「御伝鈔のこころ」と、さらに『御絵伝』の各場面の「解説」をもあわせ載せました。ご味読いただき、宗祖のご生前に思いをはせ、共々に仏法聴聞《ちょうもん》の道を歩みたく存じます。

**御伝鈔拝読(ごでんしょう　はいどく)**

毎年11月21日から宗祖親鸞聖人の祥月命日である11月28日までの７昼夜にわたり厳修される本山報恩講の際、11月25日の夕方から御影堂で「御伝鈔」は拝読される

**『親鸞伝絵**（しんらんでんね）』

―東本願寺蔵「康永本」―

写真上（詞）は、親鸞聖人ご入滅の模様を伝える段

写真下（絵）は、親鸞聖人お得度の模様を伝える段

※親鸞伝絵（親鸞聖人御絵伝）は、日本画としても今日高い評価をうけており、東本願寺蔵「康永本」「弘願本」ともに、昭和30年2月2日、国の重要文化財に指定されている。この康永本の写書が、各真宗寺院の報恩講では拝読され内陣余間に掛けられるのである。

親鸞聖人御絵伝第一の巻（聖運寺蔵）

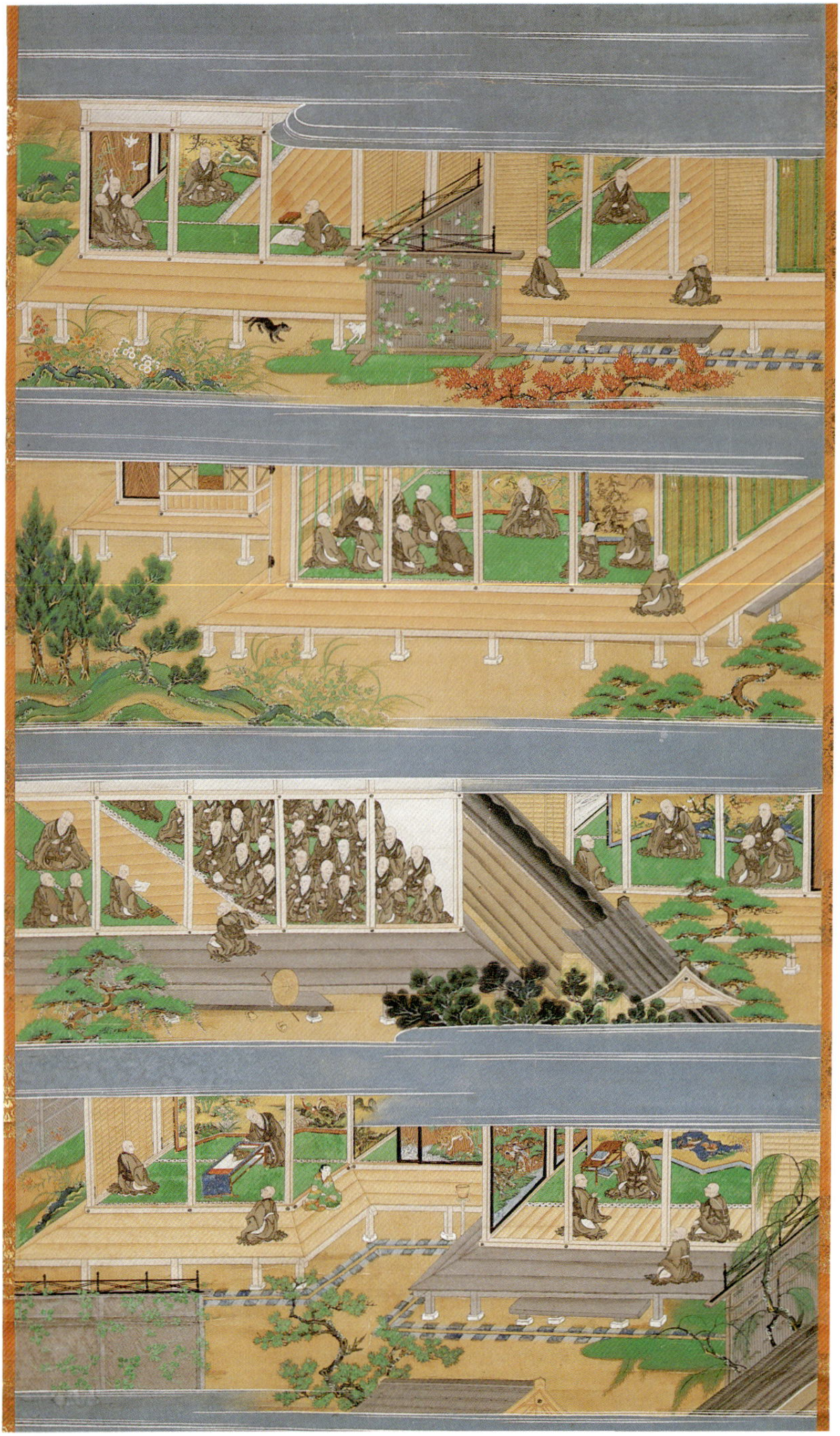

親鸞聖人御絵伝第二の巻（聖運寺蔵）

親鸞聖人御絵伝第三の巻（聖運寺蔵）

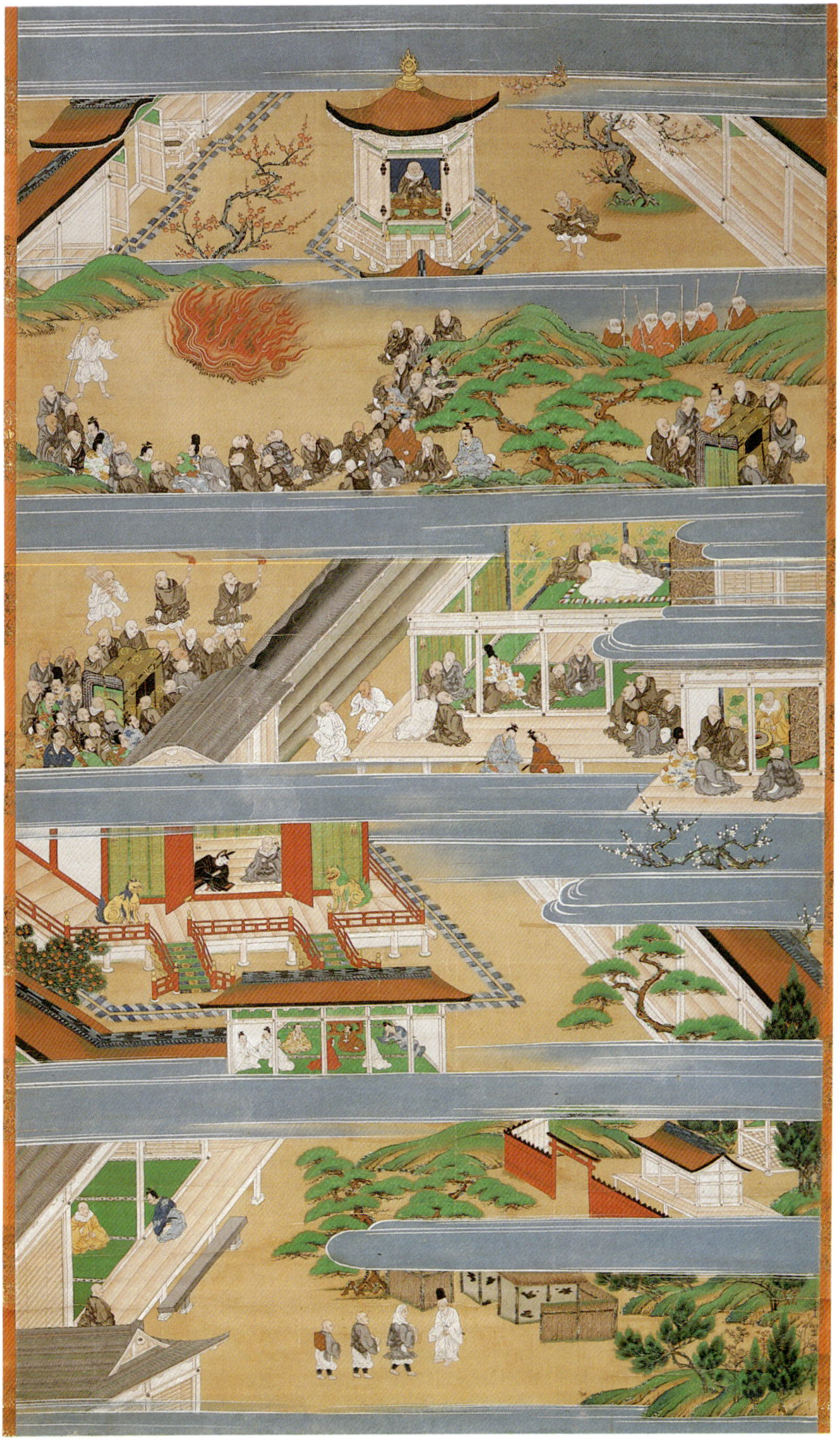

親鸞聖人御絵伝第四の巻（聖運寺蔵）

# 目次

## 本願寺聖人伝絵（御伝鈔）下巻

題字・和田耕正（照明寺住職）

# 御伝鈔

「御伝鈔」本文は、『真宗聖典』（東本願寺出版部刊）収載の『本願寺聖人伝絵(御伝鈔)』によった。これは東本願寺蔵覚如上人御自筆康永本を底本とし、西本願寺本、専修寺本をもって対校したものである。ただし、読誦の便を考慮し、すべての漢字に振りかなを付し、各段標示をした。また、かな書きに改めたところもある。

なお、拝読の場合と相異する箇所がある。

# 本《ほん》願《がん》寺《じ》聖《しょう》人《にん》伝《でん》絵《ね》（御《ご》伝《でん》鈔《しょう》）上《じょう》

（『真宗聖典』七二四頁）

## 第一段 出家学道

それ、聖人《しょうにん》の俗姓《ぞくしょう》は藤原氏《ふじわらうじ》、天児屋根尊《あまつこやねのみこと》二十一世《にじゅういっせ》の苗裔《びょうえい》、大織冠《たいしょかん》 鎌子《かまこ》の内大臣《ないだいじん》 の玄孫《けんそん》、近衛大将《こんねのだいしょう》右大臣《うだいじん》 贈左大臣《ぞうさだいじん》 従一位《じゅいちい》内麿公《うちまろこう》 後長岡《ごながおか》の大臣《だいじん》と号《こう》し、或《あるい》は閑院《かんいん》の大臣《だいじん》と号《こう》す、 贈正一位太政大臣《ぞうじょういちいだじょうだいじん》房前公《ふさざきこう》の孫《まご》、 大納言《だいなごん》式部卿《しきぶきょう》、 真楯《またて》の息《そく》なり 六代《ろくだい》の後胤《こういん》、 弼宰相有国卿《ひつのさいしょうありくにのきょう》五代《ごだい》の孫《まご》、 皇太后宮大進《こうたいこうぐのだいしん》有範《ありのり》の子《こ》なり。しかあれば朝廷《ちょうてい》に仕《つか》えて霜雪《そうせつ》をも戴《いただ》き、 射山《やさん》に趨《わし》って、 栄花《えいが》をも発《ひら》くべかりし人《ひと》なれども、 興法《こうぼう》の因《いん》うちに萌《きざ》し、 利生《りしょう》の縁《えん》ほかに催《もよお》いしによりて、 九歳《くさい》の春《はる》の比《ころ》、 阿伯従三位範綱卿《あはくじゅさんみのりつなのきょう》 時《とき》に、 従四位上《じゅしいじょう》、 前《さき》の若狭《わかさ》の守《かみ》、 後白河《ごしらかわ》の上《じょう》皇《こう》の近臣《きんしん》なり、 聖人《しょうにん》の養父《ようぶ》 前《さき》の大僧正《だいそうじょう》 慈円《じえん》、 慈鎮和尚是也《じちんかしょうこれなり》、 法性寺殿《ほうしょうじどの》の御息《ごそく》、月輪殿《つきのわどの》の長兄《ちょうきょう》の貴房《きぼう》へ相具《あいぐ》したてまつりて、鬢髪《びんぱつ》を剃除《たいじょ》したまいき。範宴《はんねん》少納言公《しょうなごんのきみ》と号《こう》す。自爾以来《それよりこのかた》、しばしば南岳天台《なんがくてんだい》の玄風《げんぷう》をとぶらいて、ひろく三観仏乗《さんがんぶつじょう》の理《り》を達《たつ》し、とこしなえに楞厳横河《りょうごんよかわ》の余流《よりゅう》をたたえて、ふかく四教円融《しきょうえんゆう》の義《ぎ》に明《あき》らかなり。

（絵）**第一図　青蓮門前**……………64頁掲載

**第二図　〈左〉青蓮客殿**……………66頁掲載

**〈右〉得度剃髪**……………66頁掲載

養和元年（一一八一）、親鸞聖人（幼名・松若麿）九歳の春、青蓮院の慈円僧正のもとで出家得度し「範宴」と名のる。叡山での二十年間の修行の行実は雲間で包み蔵《かく》して省略。

## 意訳

# 本願寺聖人親鸞伝絵　上

### 第一段

親鸞聖人《しんらんしょうにん》は、その昔、栄華《えいが》をきわめた藤原氏の一門の流れをくむ、日野有範《ひのありのり》の子として、承《じょう》安《あん》三年（一一七三）この世に生《せい》を受けたと伝えられています。したがって、順調に生活できたならば、当然朝廷《ちょうてい》に仕え、高い身分が保証され、権勢《けんせい》を思いのままに振る舞うこともできたにちがいありません。

だが、幼少のころ、すでに親鸞さまの心には、自分一人が幸せになるだけでは満足せず、まわりのすべての人々を幸せにしたいという、すばらしい心の種子が深く根をおろし、思いがけないきびしい境遇《きょうぐう》が、親鸞さまに目さきの幸せを追うことを許さずに、その真実の芽を大きく育てていくことになりました。幼いうちに父母と離別するという悲しい目に出会った親鸞さまは、九歳の春のころ、当時、人々の尊敬を一身に集めていた前《さき》の大僧正慈円《だいそうじょうじえん》のもとで髪をおろし、出家者となり、範宴《はんねん》と呼ばれるようになりました。

日常生活の見せかけの幸福のむなしさに気づいた親鸞さまは、ほんとうに明るい人生を求めて、奈良や比叡山《ひえいざん》の学場を訪れ、広く仏教学の粋《すい》を学び、そのかたわら、『往生要集《おうじょうようしゅう》』を著《あらわ》した横川の源信僧都《げんしんそうず》が歩まれた念仏の修行にも親しみ、博学《はくがく》をもって知られるようになりました。

**御伝鈔のこころ**

思いがけない悲しいこと、困ったこと、都合《つごう》のわるいことに出会った時、歎《なげ》いたり、愚痴《ぐち》をこぼしていても、どうにもならない。何とかしようと思うなら、起《た》ちあがらなければならない。今すぐできることから出発しようではないか。それしか私の道はないのだから。

# 第二段　吉水入室

（『真宗聖典』七二四頁）

建《けん》仁《にん》第《だい》三《さん》の暦《れき》春《はる》のころ　聖人《しょうにん》二十九《にじゅうく》歳《さい》　隠遁《いんとん》のこころざしにひかれて、源《げん》空聖人《くうしょうにん》の吉水《よしみず》の禅房《ぜんぼう》にたずねまいりたまいき。是《これ》すなわち、世《よ》くだり人《ひと》つたなくして、難行《なんぎょう》の小路《しょうろ》まよいやすきによりて、易行《いぎょう》の大道《だいどう》におもむかんとなり。真宗紹隆《しんしゅうじょうりゅう》の大祖《たいそ》聖人《しょうにん》、ことに宗《しゅう》の淵源《えんげん》をつくし、教《きょう》の理致《りち》をきわめて、これをのべたもうに、たちどころに他力《たりき》摂生《せっしょう》の旨趣《ししゅ》を受得《じゅとく》し、あくまで、凡《ぼん》夫《ぶ》直入《じきにゅう》の真心《しんじん》を決定《けつじょう》し、ましましけり。

（絵）　**第三図　吉水入室**……68頁掲載

建仁元年（一二〇一）、聖人二十九歳の春、吉水の法然上人の門に入る。吉水での六年間の修学は聖人の一生を決定する。池の内外に仲むつまじいことで知られる鴛鴦《おしどり》を描き、これより先の師弟の間柄を象徴的に表現している。（※建仁第三の暦は元年の誤記か）

## 意訳

### 第二段

建仁《けんにん》元年（一二〇一）春、二十九歳となった親鸞《しんらん》さまは、二十年のあいだ身を置いた比叡の山に別れをつげて、決断して、比叡山のふもと吉水の禅房《ぜんぼう》で念仏の教えを説いていた法然上人《ほうねんしょうにん》を訪《たず》ねられたのです。

自分の能力を絶対信頼し、一生懸命《いっしょうけんめい》がけの修行に打ちこみ、さとりをひらいて国の宝となって世の人々を救おうとする伝統の仏教精神は、人間の理想として頭上に輝いていても、お釈迦《しゃか》さまがなくなられてからすでに二千年、あの生き生きと躍動《やくどう》する教えであった仏教が、いつのまにか、観念の世界でもてあそばれる理屈の学問になってしまい、仏道は、普通の日常生活に身を置いているものにはさっぱりわからない、特別な能力を持った偉い人たちの難行《なんぎょう》の小路となってしまっていたのです。仏教は、あらゆる人々がもれなく歩める道をあきらかにしたはずなのに、これは一体どうなってしまったのか。真剣に道を問おうとすればするほど、親鸞さまはその理想と現実の矛盾《むじゅん》に苦しまなければなりませんでした。比叡山にいれば一流大学の学生としてみんなから尊敬される。そんなぬくぬくとした場からとびだすなどということは大変なことであったが、親鸞さまは、どうしてもごまかして生きることができず、ついに難行の道に見切りをつけ、だれでも歩むことができる念仏の大道に向かうことになりました。

浄土真宗の基礎をきずきあげられた法然さまは、訪《おとず》れた親鸞さまに向かって、奈良や比叡山の伝統的な仏教は、すでに形式化、観念化してしまい、今現に悩み苦しむ民衆を救うものではなくなっていること、もはや、このすさみきった世の中をよみがえらせるものは、阿弥陀如来《あみだにょらい》の本願《ほんがん》から生みだされた南無阿弥陀仏《なむあみだぶつ》のみ名のほかにはない、ということを、納得のいくようにていねいに教えられたので、親鸞さまは、感激して南無阿弥陀仏の教えに導かれて生きる身となり、すべての人々が無条件で生き生きとした明るい人生に立つことができる、他力《たりき》の信心（どんな境遇もおかげさまでと、喜んで引き受けていける心）をいただかれる身となったのです。

### 御伝鈔のこころ

私は仏教を一生懸命学んでいるつもりでも、実際には自分の毎日の生活から遊離した言葉の遊びになってしまってはいないだろうか。自分の生活がほんとうに生き生きとしたものになっているか、それとも色あせてマンネリ化しているのか、はっきりさせよう。聞法《もんぼう》はそこから始まるのです。

## 第三段　六角告命

（『真宗聖典』七二五頁〜七二六頁）

建仁三年《けんにんさんねん》　辛酉《かのとのとり》　四月五日夜寅《しがついつかよとら》の時《とき》、聖人夢想《しょうにんむそう》の告《つげ》ましましき。かの『記《き》』にいわく、六角堂《ろっかくどう》の救世菩薩《くせぼさつ》、顔容端厳《げんようたんごん》の聖僧《しょうそう》の形《かたち》を示現《じげん》して、白衲《びゃくのう》の袈裟《けさ》を着服《ちゃくぶく》せしめ、広大《こうだい》の白蓮華《びゃくれんげ》に端坐《たんざ》して、善信《ぜんしん》に告命《ごうみょう》してのたまわく、「行《ぎょう》者宿報設女犯《じゃしゅくほうせつにょぼん》　我成玉女身被犯《がじょうぎょくにょしんぴぼん》　一生之間能荘厳《いっしょうしけんのうしょうごん》　臨終引導生極楽《りんじゅういんどうしょうごくらく》」文《もん》。救《く》世菩薩《せぼさつ》、善信《ぜんしん》にのたまわく、「此《これ》は是《これ》わが誓願《せいがん》なり、善信《ぜんしん》この誓願《せいがん》の旨趣《ししゅ》を宣説《せんぜつ》して、一切群生《いっさいぐんじょう》にきかしむべし」と云々《うんぬん》　そのとき、夢中《ゆめのうち》にありながら、御堂《みどう》の正面《しょうめん》にして、東方《とうぼう》をみれば峨々《がが》たる岳山《がくさん》あり、その高山《こうざん》に数千万億《すせんまんのく》の有情群集《うじょうくんじゅ》せりとみゆ。そのとき告命《ごうみょう》のごとく、此《こ》の文《もん》のこころを、かの山《やま》にあつまれる有情《うじょう》に対《たい》して、説《と》ききかしめおわるとおぼえて、夢《ゆめ》さめおわりぬと云々《うんぬん》　つらつら此《こ》の記録《きろく》をひらきて彼《か》の夢想《むそう》を案《あん》ずるに、ひとえに真宗繁《しんしゅうはん》昌《じょう》の奇《き》瑞《ずい》、念《ねん》仏《ぶつ》弘《ぐ》興《こう》の表《ひょう》示《じ》なり。しかれば聖人《しょうにん》、後《のち》の時《とき》おおせられてのたまわく、仏教《ぶっきょう》むかし西天《さいてん》より興《おこ》りて、経論《きょうろん》いま東土《とうど》に伝《つた》わる。是《これ》ひとえに上宮《じょうぐう》太子《たいし》の広徳《こうとく》、山《やま》よりもたかく海《うみ》よりもふかし。わが朝《ちょう》、欽明天皇《きんめいてんのう》の御宇《ぎょう》に、これをわたされしによりて、すなわち浄土《じょうど》の正依経論等《しょうえきょうろんとう》、此《こ》の時《とき》に来至《らいし》す。儲君《ちょくん》もし厚恩《こうおん》をほどこしたまわずは、凡愚《ぼんぐ》いかでか弘誓《ぐぜい》にあうことをえん。救世菩薩《くせぼさつ》はすなわち儲君《ちょくん》の本地《ほんじ》なれば、垂跡興法《すいしゃくこうぼう》の願《がん》をあらわさんがために、本地《ほんじ》の尊容《そんよう》をしめすところなり。そもそもまた、大師聖人《だいししょうにん》 源空《げんくう》 もし流刑《るけい》に処《しょ》せられたまわずは、われまた配所《はいしょ》におもむかんや、もしわれ配所《はいしょ》におもむかずは、何《なに》によりてか辺鄙《へんぴ》の群類《ぐんるい》を化《け》せん、これなお師教《しきょう》の恩致《おんち》なり。大《だい》師聖人《ししょうにん》すなわち勢至《せいし》の化身《けしん》、太子《たいし》また観音《かんのん》の垂跡《すいしゃく》なり。このゆえにわれ二菩《にぼ》薩《さつ》の引導《いんどう》に順《じゅん》じて如来《にょらい》の本願《ほんがん》をひろむるにあり。真宗《しんしゅう》これによって興《こう》じ、念《ねん》仏《ぶつ》これによってさかんなり。是《これ》しかしながら聖者《しょうじゃ》の教誨《きょうけ》によりて、更《さら》に愚昧《ぐまい》の今案《こんあん》をかまえず。かの二大士《にだいじ》の重願《じゅうがん》、ただ一仏名《いちぶつみょう》を専念《せんねん》するにたれり。いまの行者《ぎょうじゃ》、あやまりて脇士《きょうじ》に仕《つか》うることなかれ、ただちに本仏《ほんぶつ》をあおぐべしと云々《うんぬん》　かるがゆえに聖人《しょうにん》　親鸞《しんらん》　かたわらに皇太子《こうたいし》を崇《あが》めたまう。けだしこれ、仏法弘通《ぶっぽうぐずう》のおおいなる恩《おん》を謝《しゃ》せんがためなり。

（絵）**第四図　六角告命**……………………………70頁掲載

建仁三年（※建仁元年の誤記か）四月、聖人、六角堂の救世観音の告命をうける。

## 意訳

### 第三段

建仁三年（一二〇三）四月五日の夜、親鸞《しんらん》さまは、不思議な夢を見ました。その夢というのは、「その昔、聖徳太子《しょうとくたいし》がいつも礼拝《らいはい》されていた六角堂の救世《くせ》観音《かんのん》が、おごそかな顔だちの高僧の姿となって現れ、真っ白な袈裟《けさ》を身にまとい、大きな白い蓮の花の上におすわりになって、善信《ぜんしん》（親鸞さま）に向かって、〝あなたは、今まで坊さんたるものは妻をめとってはならない、と禁止されていた伝統の戒律を、今こそ破らねばなりません。私は玉のような美しい女性となり、あなたの妻になりましょう。そして、一生の間、よくあなたの活動をたすけ、いのち終わるとき、私の生涯はこれで十分であったと、心から喜べるようになる極楽浄土《ごくらくじょうど》に一緒に参りましょう〃と告げられました。

そして救世観音はさらに、〃これは私の誓願《せいがん》なのです。善信よ、あなたはこの誓願のあらわす深い意味をあきらかにし、色あせた夢も希望ももてない人生を歎《なげ》く者に説き聞かせてあげるがよい〃とお告げになりました。

そのとき、親鸞さまは、夢の中にありながら、お堂の正面に向かって東の方を見ると、けわしくそびえたつ山々がならび、その高い山の上に、数限りない人々が集まっているのが見えました。そこでお告げのように、その誓願の意味をその人々に説き聞かせ終わったときに、夢がさめたのです」という内容のものでした。

今、この記録をひもといて、その夢が一体、何をあらわそうとしているかを考えてみると、それはひとえに、私たちのごまかしのない、ほんとうの生きかた（真宗《しんしゅう》）が、いよいよはっきりするというしるしであり、あるいは、どんな人でも必ずよみがえらせずにはおかない、という南無阿弥陀仏《なむあみだぶつ》の教えがいよいよみんなのものとなる知らせにちがいありません。

というのは、後に親鸞さまが、次のように説かれているからなのです。「仏教は昔インドの国からおこり、中国を通じてこの日本まで伝えられました。これはひとえに積極的に仏教に学ぼうとされた聖徳太子のおかげであり、そのご恩《おん》は山よりも高く海よりも深いものがあります。太子によって、はじめて仏教は日本の大地に深く根をおろしたのであり、民衆の救いをあきらかにした浄土の教えもこの時に伝えられたのです。

もし聖徳太子が仏法を敬《うやま》い、受けつがれることがなかったとしたら、どうして私たちのような愚《おろ》か者が、阿弥陀の本願にめぐりあうことができたでしょうか。救世観音は、聖徳太子の精神なのです。それが夢の中に現れたのは、特別な偉い人のための教えとして氷詰めになっている仏教を、今こそすべての人々の生きた教えとするために、その尊いお姿をあらわされたにちがいありません。

今よくよく考えてみると、これはまことに不思議なことですが、私の先生の法然《ほうねん》さまが、国家権力の不法な弾圧によって土佐の国へ追放されるということがなかったならば、私もまた遠い越後の国へ島流しされることもなかったでしょう。もし私があの越後の国へ追いやられなかったら、夢も希望もなく、食べるだけにやっとの最低のひぐらしにあけくれる人々とめぐりあって、喜びも悲しみも共にしながら、一緒に教えを聞くなどということがどうしてできたでしょうか。これもひとえに真実を求めるためには、身の危険もかえりみなかった法然さまのおかげだといわなければなりません。

そうしてみると、私にとって法然さまこそ、自分自身を絶対にごまかすことのない、きびしい仏の智慧《ちえ》（勢至菩薩《せいしぼさつ》）であり、聖徳太子は、こんな私のような愚《おろ》か者を絶対に見捨てることのない仏の慈悲《じひ》（観音菩薩《かんのんぼさつ》）なのです。

だから、私はこの二菩薩の、自分はどうなってもよいから、苦しみ悩む者をよみがえらせずにはおかない、という無私《むし》の心のはたらきによって、阿弥陀如来の本願をまのあたりにいただいて生きていけるのです。真宗は、この心によって成りたち、念仏は、この心によって、万人をよみがえらせるはたらきとなってきたのです。

これは全く、すべて浄土の教えを命がけであきらかにしてくださった大先輩の先生方のお導きにもとづくものであって、決して私のような愚か者の独断ではないのです。つまるところ、観音菩薩、勢至菩薩の願いは、ただ南無阿弥陀仏の教えに耳を傾けよ、ということにおさまるのですから、観音菩薩や勢至菩薩が、何か不思議な超能力があるのではないかと思いこんで、ご本尊《ほんぞん》として拝むなどというのは、とんでもないことです。それではわけのわからない偶像《ぐうぞう》崇拝《すうはい》にとりつかれてしまいます。私たちが南無阿弥陀仏の教えに導かれ、育てられていくところに、観音・勢至二菩薩のはたらきが有り難くこの身に感じられてくるのです」と。

だからこそ、親鸞さまは、聖徳太子をご本尊にまつりあげずに、ひとえに太子を阿弥陀如来の生きたおはたらきとして尊敬されたのです。これもほんとうの仏教にめぐりあうことができた喜びが、ことに大きかったからにちがいありません。

### 御伝鈔のこころ

毎日の私の生活は、ほんとうに満足できる一日、一日だ、と胸を張っていえるだろうか。よく考えてみると、どこかにごまかしがあるのではないか。先輩たちは自分の生き方には、とてもきびしかったのだ。マンネリ化している毎日から脱皮するために、そのきびしい姿勢を学ぼうではないか。

# 第四段　蓮位夢想

（『真宗聖典』七二六頁）

建長八歳《けんちょうはちさい》　丙辰《ひのえたつ》　二月九日《にがつここのか》夜寅《よとら》の時《とき》、釈《しゃく》の蓮位《れんに》夢想《むそう》の告《つげ》に云《い》わく、聖徳太子《しょうとくたいし》、親鸞《しんらん》聖人《しょうにん》を礼《らい》したてまつりましてのたまわく、「敬礼大慈阿弥陀仏《きょうらいだいじあみだぶつ》　為《い》妙教流通来生者《みょうきょうるずうらいしょうじゃ》　五濁悪時悪世界中《ごじょくあくじあくせかいじゅう》　決定即得無上覚也《けつじょうそくとくむじょうかくや》。」しかれば祖師聖《そししょう》人《にん》、弥陀如来《みだにょらい》の化現《けげん》にてましますということ明《あき》らかなり。

（絵）　**第五図　蓮位夢想**……………………72頁掲載

建長八年（一二五六）二月、聖人八十四歳。お弟子の蓮位房は、聖徳太子が聖人を弥陀の化身として仰ぎ合掌されている夢をみる。

## 意訳

### 第四段

建長八年（一二五六）二月九日の夜、親鸞《しんらん》さまのお弟子の蓮位房《れんにぼう》が、次のような夢を見たと伝えられています。「聖徳太子《しょうとくたいし》が、親鸞さまに向かって礼拝《らいはい》され、この迷い苦しむ人々が充《み》ちみちている、濁《にご》りきったこの世の中に、真実の教えの種子をまき、目覚《めざ》めた世界に人々を導かれる、生きた阿弥陀如来を拝ませていただきます、とおおせになりました」と。

この伝説の意味は、親鸞さまの教えを受けた人々は、親鸞さまこそ、阿弥陀如来にちがいないとごく自然に受けとめることができたことをあらわしているのでしょう。

**御伝鈔のこころ**

私たちは、阿弥陀さま、と聞くと、どこか見えないところに不思議な超能力者でもいるのではないか、と想像しやすいが、そんなものはすべてにせもの、私たちは今こそ生き生きとこの私にはたらきかける阿弥陀さまを見失ってはならないのです。

## 第五段　選択付属

（『真宗聖典』七二七頁）

黒谷《くろだに》の先徳《せんとく》　源空《げんくう》　在世《ざいせ》のむかし、矜哀《こうあい》の余《あま》り、ある時《とき》は恩許《おんきょ》を蒙《かぶ》りて製《せい》作《さく》を見写《けんしゃ》し、或時《あるとき》は真筆《しんぴつ》を降《くだ》して名字《みょうじ》を書賜《かきたま》わす、すなわち『顕浄土方便化《けんじょうどほうべんけ》身土文類《しんどもんるい》』の六《ろく》に云《のたま》わく　親鸞聖人《しんらんしょうにん》選述《せんじゅつ》　「然《しか》るに愚禿釈《ぐとくしゃく》の鸞《らん》、建仁《けんにん》　辛酉《かのとのとり》　暦《のれき》、雑行《ぞうぎょう》を棄《す》てて本願《ほんがん》に帰《き》し、元久《げんきゅう》　乙丑《きのとのうし》　歳《のとし》、恩恕《おんじょ》を蒙《かぶ》りて『選択《せんじゃく》』を書《しょ》しき、同《おな》じき年初夏中旬第四日《としそかちゅうじゅんだいしにち》、『選択本願念仏集《せんじゃくほんがんねんぶつしゅう》』の内題《ないだい》の字《じ》、ならびに南無阿弥陀仏《なむあみだぶつ》、往生之業念仏《おうじょうのごうねんぶつ》を本《ほん》となすと、釈《しゃく》の綽空《しゃくくう》と空《くう》の真筆《しんぴつ》をもって之《これ》を書《か》かしめたまい、同《おな》じき日《ひ》、空《くう》の真影《しんねい》申《もう》しあずかり、図画《ずが》したてまつる、同二年《どうにねん》、閏七月下旬第九日《うるうしちがつげじゅんだいくにち》、真影《しんねい》の銘《めい》は真筆《しんぴつ》をもって南無阿弥陀仏《なむあみだぶつ》と若我成《にゃくがじょう》仏《ぶつ》十方衆生《じっぽうしゅじょう》　称我名号下至十声《しょうがみょうごうげしじっしょう》　若不生者不取正覚《にゃくふしょうじゃふしゅしょうがく》　彼仏今現在成仏《ひぶつこんげんざいじょうぶつ》　当知本《とうちほん》誓重願不虚《ぜいじゅうがんふこ》　衆生称念必得往生《しゅじょうしょうねんひっとくおうじょう》の真文《しんもん》とを書《か》かしめたまいき、また夢《ゆめ》の告《つ》げによって、綽空《しゃくくう》の字《じ》を改《あらた》めて、同《おな》じき日《ひ》、御筆《ごひつ》をもって、名《な》の字《じ》を書《か》かしめたまいおわんぬ、本師聖人《ほんじしょうにん》、今年《こんねん》七旬三御歳《しちじゅんさんのおんとし》なり。『選択本願念仏集《せんじゃくほんがんねんぶつしゅう》』は、禅定《ぜんじょう》博陸《はくりく》　月輪殿兼実《つきのわどのかねざね》、法名円照《ほうみょうえんしょう》　の教命《こうめい》によって、選集《せんじゅう》せしめたまうところなり。真宗《しんしゅう》の簡要《かんよう》、念仏《ねんぶつ》の奥義《おうぎ》、これに摂在《しょうざい》せり、見《み》る者《もの》諭《さと》り易《やす》し、誠《まこと》にこれ、希有《けう》最勝《さいしょう》の華文《かもん》、無上甚深《むじょうじんじん》の宝典《ほうでん》なり。年《とし》を渉《わた》り日《ひ》を渉《わた》り、その教誨《きょうけ》を蒙《かぶ》るの人《ひと》、千万《せんまん》なりといえども、親《しん》といい疎《そ》といい、この見写《けんしゃ》を獲《う》るの徒《ともがら》はなはだもって難《かた》し、しかるにすでに製作《せいさく》を書写《しょしゃ》し、真影《しんねい》を図画《ずが》したてまつる、これ専念正業《せんねんしょうごう》の徳《とく》なり、これ決定往生《けつじょうおうじょう》の徴《しるし》なり、よって悲喜《ひき》の涙《なみだ》をおさえて、由来《ゆらい》の縁《えん》をしるす」と云々《うんぬん》

（絵）　**第六図**　**〈右〉選択付属**……………………74頁掲載
**〈左〉真影銘文**……………………74頁掲載

元久二年（一二〇五）四月、聖人三十三歳。法然上人は信頼するお弟子である証《あかし》に『選択集』、さらに肖像を写すことを許し、その教えを後世に伝えていく使命を聖人に託す。

**意訳**

## 第五段

法然《ほうねん》さまは、大ぜいのお弟子の中でも特に親《しん》鸞《らん》さまに目をかけられ、あるときはそのご著書を書写することを許されたり、あるいは、法然さまみずから南無阿弥陀仏のお名号《みょうごう》をおかきになって与えられたこともありました。

そのことは、『教行信証《きょうぎょうしんしょう》』の化身土《けしんど》巻に親鸞《しんらん》さまは、感激をもって記されているのです。「この親鸞は、建仁元年（一二〇一）に、こんな愚か者が自分の能力で目覚《めざ》めることができる、などと考えていたのは、とんでもない思いあがりだったということに気がつかせていただいて、偉そうな学問、修行をすべてかなぐり捨てて、阿弥陀仏の親心のこめられた南無阿弥陀仏の教えに育てられる身となり、元久二年（一二〇五）法然さまのお許しを得て、先生の珠玉《しゅぎょく》の教え、『選択本願念仏集《せんじゃくほんがんねんぶつしゅう》』を書き写すことができました。同じ年の七月十四日には、「選択本願念仏集」という書名と、「南無阿弥陀仏《なむあみだぶつ》 往《おう》生之業《じょうしごう》 念仏為本《ねんぶついほん》」（南無阿弥陀仏こそ私のいのち。明るい生き生きとした人生は、念仏の教えに育てられて、はじめて生まれたのだ！）という言葉と、「釈綽空《しゃくしゃくくう》」という私の法名《ほうみょう》を、法然さまご自身の筆で記していただきました。

そして、その日にまた法然さまのお姿も写生することを許され、日ごろの願いをとげることができました。さらに、同じ年の七月二十九日、そのお姿に、法然さまご自身の筆で、南無阿弥陀仏の名号と、私が目覚めた人となるとき、どんな人でも、一声でも南無阿弥陀仏のみ名をとなえて、それでもなお明るい生き生きとした人生を体験できなかったら、誓って私は、目覚めたなどとはいえない。この願いをたてられた法蔵《ほうぞう》菩薩は、今、現に目覚めた人となられ、私を明るい人生に導かれているではないか。阿弥陀如来の誓願は、決して架空の物語ではない。だれでもそのみ名をとなえ、その教えに育てられる身となれば、必ず、明るい生き生きとした人生に導かれるのだ、という、善導《ぜんどう》大師の教えを記していただきました。

そしてまた同じ日、夢のお告げにより、綽空という名をあらためて、善信《ぜんしん》、と書いていただきました。それは法然さま七十三歳のときのことでありました。

『選択本願念仏集』は、法然さまを尊敬されていた、関白《かんぱく》・九条兼実《くじょうかねざね》の願いによって、法然さまが筆をとられたものです。そこには、真宗のかなめ、南無阿弥陀仏のこころが、あますところなくおさめられています。それに、こんなにわかりやすいお念仏の書物は、ほかにありません。ほんとうに、この書物は、希《まれ》に見るすぐれた教えであり、この上ない深い精神生活がこめられている、貴重な聖典《せいてん》なのです。

だが、長い年月のあいだに、法然さまの教えを受けた者は大ぜいおられたのですが、法然さまと、親しい、親しくないにかかわらず、その書を拝読し、しかも書き写すことを許された者は、ほんのわずかの人たちだったのです。それなのに、今、この私は、この書を写すことを許され、その上、法然さまのお姿までえがくことができました。これはひとえに、こんな私のようなものをよみがえらせずにはおかないとはたらきかける、お念仏の教えのおかげです。それはまた、私が明るい生き生きとした人生に眼を開かせていただいた記念のできごとといってもよいのでしょう。だから、私は、身も心もおどるような感激をこめて、この由来を書きとめているのです」と。

**御伝鈔のこころ**

仏教は、教えを感激をもって聞いた人の記録として後世に伝えられているのです。それなのに私たちは、偉そうな理屈をふりまわして、その感動の言葉を解釈し、その生き生きとしたいのちの叫びを殺してしまっていないだろうか。先輩たちが感動した言葉に、私が何も感じないのは、あきらかに私の聞法《もんぼう》の姿勢がおかしいのではなかろうか。

## 第六段　信行両座

（『真宗聖典』七二七頁～七二九頁）

おおよそ源空聖人《げんくうしょうにん》在生《ざいしょう》のいにしえ、他力往生《たりきおうじょう》のむねをひろめたまいしに、世《よ》あまねくこれにこぞり、人《ひと》ことごとくこれに帰《き》しき。紫禁青宮《しきんせいきゅう》の政《まつりごと》を重《おも》くする砌《みぎり》にも、まず黄金樹林《おうごんじゅりん》のはなぶさにこころをかけ、三槐九棘《さんかいきゅうきょく》の道《みち》を正《ただ》しくする家《いえ》にも、ただちに四十八願《しじゅうはちがん》の月《つき》をもてあそぶ。しかのみならず、戎狄《じゅてき》の輩《ともがら》、黎民《れいみん》の類《たぐい》、これをあおぎ、これをとうとびずということなし。貴賤《きせん》、轅《ながえ》をめぐらし、門前《もんぜん》、市《いち》をなす。常随昵近《じょうずいじっきん》の緇徒《しと》そのかずあり、すべて三百《さんびゃく》八十余人《はちじゅうよにん》と云々《うんぬん》　しかありといえども、親《まのあたり》その化《け》をうけ、ねんごろにその誨《おしえ》をまもる族《やから》、はなはだまれなり。わずかに五六輩《ごりくはい》にだにもたらず。善信聖人《ぜんしんしょうにん》ある時申《ときもう》したまわく、「予《よ》、難行道《なんぎょうどう》をさしおきて易行道《いぎょうどう》にうつり、聖道門《しょうどうもん》をのがれて、浄土門《じょうどもん》に入《い》りしよりこのかた、芳命《ほうめい》をこうぶるにあらずよりは、あに出離解脱《しゅつりげだつ》の良因《ろういん》をたくわえんや、喜《よろこ》びのなかの悦《よろこ》び、なにごとかこれにしかん。しかあるに、同室《どうしつ》のよしみを結《むす》びてともに一師《いっし》の誨《おしえ》をあおぐともがら、これおおしといえども、真実《しんじつ》に報土得生《ほうどとくしょう》の信心《しんじん》を成《じょう》じたらんこと、自他《じた》おなじくしりがたし。かるがゆえに、且《かつ》は当来《とうらい》の親友《しんぬ》たるほどをもしり、且《かつ》は浮生《ふしょう》の思出《おもいで》ともし侍《はんべ》らんがために、御弟子参集《おんでしさんじゅう》の砌《みぎり》にして、出言《しゅつごん》つこうまつりて、面々《めんめん》の意趣《いしゅ》をも試《こころ》みんとおもう所望《しょもう》あり」と云々《うんぬん》　大師聖人《だいししょうにん》のたまわく、「此《こ》の条《じょう》もっともしかるべし、すなわち明日《みょうにち》人々《ひとびと》来臨《らいりん》のとき、おおせられいだすべし」と。しかるに翌日《よくじつ》集会《しゅえ》のところに、聖人《しょうにん》　親鸞《しんらん》　のたまわく、「今日《きょう》は信不退《しんふたい》・行不退《ぎょうふたい》の御座《みざ》を、両方《りょうぼう》にわかたるべきなり。いずれの座《ざ》につきたまうべしとも、おのおの示《しめ》したまえ」と。そのとき三百余人《さんびゃくよにん》の門《もん》侶《りょ》、みなその意《こころ》を得《え》ざる気《き》あり、時《とき》に法印大和尚位聖覚《ほういんだいかしょういせいかく》、ならびに釈《しゃく》の信空《しんくう》法蓮上人《ほうれんしょうにん》　信不退《しんふたい》の御座《みざ》につくべしと云々《うんぬん》　つぎに沙弥法力《しゃみほうりき》　熊谷直実入道《くまがいなおざねにゅうどう》遅参《ちさん》して申《もう》して云《い》わく、「善信《ぜんしん》の御房《おんぼう》御執筆《ごしゅひつ》何事《なにごと》ぞや」と。善信聖人《ぜんしんしょうにん》のたまわく、「信不退《しんふたい》・行不退《ぎょうふたい》の座《ざ》をわけらるるなり」と。法力坊《ほうりきぼう》申《もう》して云《い》わく、「しからば法力《ほうりき》もるべからず、信不退《しんふたい》の座《ざ》にまいるべし」と云々《うんぬん》　よって、これをかきのせたまう。ここに数百人《すひゃくにん》の門徒群居《もんとぐんこ》すといえども、さらに一言《いちごん》をのぶる人《ひと》なし、これおそらくは、自力《じりき》の迷心《めいしん》にかかわりて、金剛《こんごう》の真信《しんしん》に昏《くら》きがいたすところか。人《ひと》みな無音《ぶいん》のあいだ執筆聖人《しゅひつしょうにん》自名《じみょう》をのせたまう、ややしばらくありて、大師聖人《だいししょうにん》おおせられて云《のたま》わく、「源空《げんくう》も信不退《しんふたい》の座《ざ》につらなり侍《はんべ》るべし」と、このとき、門葉《もんよう》、あるいは屈敬《くっけい》の気《き》をあらわし、あるいは欝悔《うっけ》の色《いろ》をふくめり。

（絵）　**第七図**　**〈右〉両座進言**……76頁掲載
**〈左〉信行分判**……76頁掲載

元久二年（一二〇五）九月、吉水の禅房にて、聖人（善信）の「信不退」か「行不退」かの立場を明確にしようとの進言により、三百余の門弟は着座の決断を求められ、法然上人の正判をうける。

## 意訳

### 第六段

法然《ほうねん》さま在世のころ、どんな人でも必ずよみがえらせずにはおかない、という阿弥陀の親心のこめられた念仏の教えが説き弘《ひろ》められると、今まで仏教の救いなどとても望めないと思っていた人々は、こぞってこの教えに注目し、先を争ってこの念仏の教えに耳を傾けるようになりました。

殿上《でんじょう》にあって、まつりごとにいそしまれる尊い方々も、栄華をほしいままにしている由緒《ゆいしょ》正しい大臣家にあっても、この世の幸せは夢、幻にすぎないのですから、ひとたび自分の人生を真剣に考える者は、阿弥陀如来の本願のことを口にしない者はありませんでした。

それどころか、人里離れた遠い地方の人々、あるいはその日暮《くら》しに追われている貧しい人々も、こんな私がよみがえる道があったのかと喜び、この教えを仰《あお》ぎ敬《うやま》うのでありました。

身分の上下にかかわらず、法然さまのもとへ訪れる人は垣をつくるほどになり、あたかも門《もん》前《ぜん》、市《いち》のようになりました。いつも法然さまのおそばで教えを受ける僧だけでも三百八十有余名もあったと伝えられています。

しかしながら、法然さまの教えをほんとうに、自分の生きるともしびとしてうけたまわり、その心を正しく聞きひらいた人は、ということになると、その数はわずかに五、六人しかいなかったといってもよいのでしょう。

あるとき親鸞《しんらん》さまは、「私は、特別な能力の持ち主しか歩めない難行道《なんぎょうどう》に見切りをつけて、いつでも、どこでも、だれでも歩むことができる易行道《いぎょうどう》に目覚め、聖者のための教え、聖道門《しょうどうもん》では、私のような者は救われないことを知って、どんな愚か者でも必ずよみがえらせずにはおかない、と約束される浄土門《じょうどもん》に身を置くようになってからは、もし、如来の本願に気がつかなかったら、私のような者は、一生暗い迷い路《みち》をさまよい歩かなければならなかったであろう、としみじみ思うようになりました。私にはこれ以上の喜びはありません。しかし、いま同じ道を歩み、同じ先生の教えを受けている人は多いけれども、ほんとうにみんなが明るい生き生きとした浄土往生《おうじょう》の人生を歩んでいるのかどうか、ということになると、私もそうですが、みんなもよくわかっていないのではないでしょうか。

だから、だれがほんとうの永遠の友であるかを知るためにも、あるいはこの世の思い出ともなるように、先生のお弟子が集まった折に、みんなに提案して、おたがいに心の世界を確かめてみようと思うのですが、いかがなものでしょうか」と、法然さまに申しあげますと、法然さまは、「なるほど、それはおもしろい。さっそく明日、みんなが集まったら提案してみるがよい」と、おおせになりました。

そこで、次の日の集《つど》いのとき、親鸞さまは「さあみなさん、今日は、阿弥陀如来の本願にめぐりあうことによって、明るい生き生きとした人生が約束される（信不退《しんふたい》）と信じる人は、どうぞこちらの席へ、また、自分が南無阿弥陀仏と口にとなえる努力によって、明るい生き生きとした人生をきずきあげることができる（行《ぎょう》不退《ふたい》）と信ずる人は、どうぞあちらの席へおすわりください」と、提案したところ、そこに居《い》あわせた三百有余名のお弟子たちは、おたがいに顔を見あわせてしりごみするばかりでした。

そのとき、聖覚《せいかく》さま、信空《しんくう》さまの二人が、すっくと起《た》ちあがり、「信の座につきましょう」といわれました。次に遅れてやってきた法力房熊谷直実《くまがいなおざね》が、「善信のご房よ。いったい何を書いておられるのですか」とたずねたので、親鸞さまは、「今日は、生き生きとした浄土往生の人生は、阿弥陀の本願にめぐりあうことによるのか、それとも南無阿弥陀仏ととなえる自分の努力によるのか、という二つの意見によって座席を分けているのです」と、説明しました。すると法力房は、すかさず、「ああそういうことですか。それでは私も見捨てられたらかなわないから、信の座につきましょう」と、信の座にすわりました。そこで親鸞《しんらん》さまはそのように名を記しました。

あとの数百名のお弟子たちは、それでもまだ、ぐずぐずしていて、一言も述べようとはしませんでした。これはおそらく、念仏の教えを誤解し、他力の信心とはどういうことなのか、まだよくわかっていなかったからではないでしょうか。

人々が無言のまま、ためらっているうちに、

親鸞さまは、信の座に自分の名を記されました。

ややしばらくして、先生の法然さまは、「私も信心の座につきましょう」と、おおせになりました。

そのとき、そこに集まっていたお弟子たちは、ある者はだまって頭をさげ、自分のいたらなさを恥じ、また他の者は、後悔の色をかくせませんでした。

### 御伝鈔のこころ

教えを聞く、ということでも、なれると、何でもわかったつもりになる。そうなると、どんなすばらしい教えに出会っても、何の感激もなくなる。私たちは、いつもこの信不退、行不退のどちらを向いているのか自分の胸に問わなければならないのです。

# 第七段　信心諍論

『真宗聖典』七二九頁～七三〇頁

聖人《しょうにん》親鸞《しんらん》のたまわく、いにしえ我《わ》が本師聖人《ほんじしょうにん》の御前《おんまえ》に、聖信房《しょうしんぼう》、勢観房《せいかんぼう》、念仏房已下《ねんぶつぼういげ》の人々《ひとびと》おおかりしとき、はかりなき諍論《じょうろん》をし侍《はんべ》ることありき。そのゆえは「聖人《しょうにん》源空《げんくう》の御信心《ごしんじん》と、善信《ぜんしん》が信心《しんじん》といささかもかわるところあるべからず、ただ一《ひとつ》なり」と申《もう》したりしに、このひとびととがめていわく、「善信房《ぜんしんぼう》の、聖人《しょうにん》の御信心《ごしんじん》とわが信心《しんじん》とひとしと申《もう》さるることいわれなし。いかでかひとしかるべき」と。善信申《ぜんしんもう》して云《い》わく、「などかひとしと申さざるべきや。そのゆえは、深智博覧《じんちはくらん》にひとしからんとも申《もう》さばこそ、まことにおおけなくもあらめ、往生《おうじょう》の信心《しんじん》にいたりては、ひとたび他力信心《たりきしんじん》のことわりをうけたまわりしよりこのかた、まったくわたくしなし。しかれば、聖人《しょうにん》の御信心《ごしんじん》も、他力《たりき》よりたまわらせたまう、善信《ぜんしん》が信心《しんじん》も他力《たりき》なり。かるがゆえにひとしくしてかわるところなし、と申《もう》すなり」と、申《もう》し侍《はんべ》りしところに、大師聖人《だいししょうにん》まさしくおおせられてのたまわく、「信心《しんじん》のかわると申《もう》すは、自力《じりき》の信《しん》にとりてのことなり。すなわち、智恵《ちえ》各別《かくべつ》なるがゆえに、信《しん》また各別《かくべつ》なり。他力《たりき》の信心《しんじん》は、善悪《ぜんあく》の凡夫《ぼんぶ》、ともに仏《ぶつ》のかたよりたまわる信心《しんじん》なれば、源空《げんくう》が信心《しんじん》も、善信房《ぜんしんぼう》の信心《しんじん》も、更《さら》にかわるべからず、ただひとつなり。わがかしこくて信《しん》ずるにあらず。信心《しんじん》のかわりおうておわしまさん人々《ひとびと》は、わがまいらん浄土《じょうど》へはよもまいらせたまわじ。よくよくこころえらるべきことなり」と云々《うんぬん》　ここに、面々《めんめん》舌《した》をまき、口《くち》をとじてやみにけり。

（絵）　**第八図　信心諍論**……78頁掲載

建永元年（一二〇六）八月、他力の信心について、同門弟との諍論があり、法然上人の正判をうける。

## 意訳

### 第七段

あるとき、親鸞《しんらん》さまは、次のようにお話くださいました。

法然さまのところに、聖信房《しょうしんぼう》、勢観房《せいかんぼう》、念仏房《ねんぶつぼう》などの大ぜいのお弟子たちが集まったとき、議論がこじれて、なかなか決着がつきませんでした。

それは、私、親鸞が、「法然さまがいただいておられる信心と、私がいただいている信心と、そのあいだには、少しのちがいもありません」というと、そこにおられたお弟子たちは、口をそろえて「善信房（親鸞さま）の信心と、先生のご信心が全く同じだ、などというのは、とんでもない思いあがりだ。あなたは一体何という失礼なことをいうのか」と反論するのでした。

そこで私は、「いやどうしても同じでなければなりません。なぜかといえば、先生の鋭いものの見方とか、すぐれた学識と、私の力とが同じだ、などというのなら、まことにおそれおおいことです。

だが、ひとたび、浄土往生の信心ということになれば、広大な阿弥陀の親心が、私を導かれることですから、その心を、私の能力で獲得した心だ、などとはいえないはずです。だから、先生の信心も阿弥陀の親心とのめぐりあい、私の信心も阿弥陀の親心とのめぐりあいですから、違うはずがない、と申したのです」と述べますと、法然さまはたちどころに「信心が違うというのは、自分の努力で何かを信じるという自力の信についてなら言えることでしょう。つまり、物事を見分ける能力が違うのですから、信じるということにも深い浅いの違いがでてくるのです。

しかし、他力の信心ということになると善人であろうと、悪人であろうと、みんな阿弥陀如来の親心から恵まれたものですから、私の信心も、善信房の信心も同じでなければなりません。信心はみな一つなのです。私が賢いから信じられるのではないのです。だから人によって、信心に深い、浅いの差があると思っておられる人がいたら、その人は、私が参ろうとしている浄土には、決して生まれることはできないでしょう。このことは、とても大事なことですから、よくよく心にきざみつけておきなさい」と、おおせになりました。そのとき、そこに集まっていた人々は、舌を巻き、口を固くつぐんで、おそれ入るばかりでした。

### 御伝鈔のこころ

私のような素人《しろうと》に、そんな簡単に仏教がわかるはずがない、と、思っている人が意外に多いのではなかろうか。浄土真宗は、素人のための仏教です。念仏の教えは、だめ人間をよみがえらせることがお目当てなのです。先入観を離れて今すぐ聞き始めましょう。

## 第八段　入西鑑察

（『真宗聖典』七三〇頁〜七三一頁）

御弟子《おんでし》入西房《にゅうさいぼう》、聖人《しょうにん》　親鸞《しんらん》　の真影《しんねい》をうつしたてまつらんとおもうこころざしありて、日《ひ》ごろをふるところに、聖人《しょうにん》そのこころざしあることをかんがみて、おおせられてのたまわく、「定禅法橋《じょうぜんほっきょう》　七条辺《しちじょうへん》に居住《きょじゅう》　にうつさしむべし」と。入西房鑑察《にゅうさいぼうかんざつ》のむねを随喜《ずいき》して、すなわちかの法橋《ほっきょう》を召請《ちょうしょう》す、定禅《じょうぜん》左右《そう》なくまいりぬ。すなわち、尊顔《そんげん》にむかいたてまつりて、申《もう》していわく、「去《さんぬる》夜《よ》、奇特《きどく》の霊夢《れいむ》をなん感《かん》ずるところなり。その夢中《ゆめのうち》に拝《はい》したてまつるところの聖僧《しょうそう》の面像《めんぞう》、いまむかいたてまつる容貌《ようぼう》、すこしもたがうところなし」といいて、たちまちに随喜《ずい き》感歎《かんたん》の色《いろ》ふかくして、みずからその夢《ゆめ》をかたる。「貴《き》僧《そう》二《に》人《にん》来入《らいじゅう》す。一人《いちにん》の僧《そう》のたまわく、「この化僧《けそう》の真影《しんねい》をうつさしめんとおもうこころざしあり。ねがわくは禅下筆《ぜんかふで》をくだすべし」と。定禅《じょうぜん》問《と》いていわく、「かの化僧《けそう》たれ人《びと》ぞや。」くだんの僧《そう》いわく、「善光寺《ぜんこうじ》の本願御房《ほんがんのおんぼう》これなり」と。ここに定禅《じょうぜん》たなごころをあわせ、ひざまずきて夢《ゆめ》のうちにおもうよう、さては生身《しょうじん》の弥陀如来《みだにょらい》にこそと、身《み》の毛《け》いよだちて、恭敬尊重《くぎょうそんじゅう》をいたす。また「御《み》ぐしばかりをうつされんにたんぬべし」と云々《うんぬん》かくのごとく問答《もんどう》往復《おうふく》して、夢《ゆめ》さめおわりぬ。しかるに、いまこの貴坊《きぼう》にまいりて、みたてまつる尊容《そんよう》、夢中《ゆめのうち》の聖僧《しょうそう》にすこしもたがわず」とて、随喜《ずいき》のあまり涙《なみだ》をながす。「しかれば夢《ゆめ》にまかすべし」とて、いまも御《み》ぐしばかりをうつしたてまつりけり。夢想《むそう》は仁治三年《にんじさんねん》九月廿日《くがつはつか》の夜《よ》なり。つらつらこの奇瑞《きずい》をおもうに、聖《しょう》人《にん》、弥陀如来《みだにょらい》の来現《らいげん》ということ炳焉《へいえん》なり。しかればすなわち、弘通《ぐずう》したまう教行《きょうぎょう》、おそらくは弥陀《みだ》の直説《じきせつ》といいつべし。あきらかに無漏《むろ》の恵燈《えとう》をかかげて、とおく濁世《じょくせ》の迷闇《めいあん》をはらし、あまねく甘露《かんろ》の法雨《ほうう》をそそきて、はるかに枯渇《こかつ》の凡悪《ぼんあく》をうるおさんとなり。あおぐべし信《しん》ずべし。

（絵）

**第九図**　〈右〉入西鑑察……80頁掲載
〈左〉定禅夢想……80頁掲載

仁治三年（一二四二）、聖人七十歳。お弟子の入西房に肖像の図画を許す。絵師の定禅法橋は聖人を拝し「本願の御房」と驚き讃仰し描く。

## 意訳

### 第八段

親鸞《しんらん》さまのお弟子の入西房《にゅうさいぼう》が、何とかして親鸞さまのお姿をえがきたいという願いをいだいていましたが、あるとき親鸞さまが、その心をお察しになって、「それでは定禅法橋《じょうぜんほっきょう》に画《か》いてもらおうか」と話されました。

入西房はそれを聞いてとても喜び、ただちに法橋《ほっきょう》のもとに使いを走らせました。定禅はすぐにやってきましたが、親鸞さまの尊いお顔を見たとき、びっくりして、「こんな不思議なことがあるのでしょうか。昨夜、私は夢を見ました。その夢の中で私が拝んだ尊いお坊さんのお姿が、今私の前におられる親鸞さまと、うり二つなものですから」といって、感激にむせびながら、その夢の話をするのでした。

「二人の尊いお坊さんがおいでになり、その一人が、仏さまの生まれかわりの尊いお方のお姿を画いていただきたい。是非筆をとっていただけませんか、といわれました。そこで私は、その仏さまの生まれかわりのお方とは、どなたさまでございましょうか、とたずねますと、その方がいわれるには、善光寺の本願の御房ですよ、と。そこで私は、合掌してひざまづき、夢の中で、さては、なま身の阿弥陀さまにちがいない、と思いました。そのときは、ほんとうに身の毛が逆立《さかだ》つように緊張して、つつしみ拝みました。そのときまた、お顔だけ画かれればそれで十分ですよ、ともいわれました。そんな話をしているうちに夢がさめたのです。今ここに来て拝ませていただいたこのお顔は、夢の中の尊いお姿と生き写しなのです」と、涙を流して喜ぶのでした。

そこで、夢のとおりにいたしましょう、と、今度も、お顔だけを画きました。夢は、仁治三年（一二四二）九月二十日の夜のことでした。

よくよくこの不思議なできごとについて考えてみると、親鸞さまは阿弥陀如来のなま身のご活躍をされたお方だということをあらわしているのでしょう。だからこそ、親鸞さまによって弘《ひろ》められた南無阿弥陀仏の教えは、どんな悲しい境遇を歎《なげ》く者でも、必ずよみがえらせずにはおかない、という、阿弥陀の親心のはたらきにほかならないのです。

阿弥陀如来の本願は、あきらかに少しの野心の濁《にご》りもない智慧のともしびをかかげて、欲望の濁りに汚染された私たちの迷いのやみを照らし、すべての人々の上に、この上ない法の慈雨をそそいで、真実を見失って枯れ朽《く》ちんとしている私たちの心を、あたたかくときほぐし、うるおそうとはたらきかけておられるのです。私たちは、今こそその心を仰ぎ、その導きにすべてをまかせて、明るい人生の第一歩を踏みだそうではありませんか。

**御伝鈔のこころ**

身分や、仕事はちがっていても、阿弥陀の親心をいただいた者は、生き生きと輝いているのです。それなのに私たちは、この世の見せかけの姿だけながめて、歎《なげ》いたり、悲しんだりしてはいないだろうか。

康永二歳癸未十月中旬比、依発願終画図之功畢、而間頽齢覃八旬算、両眼朦朧、雖然憖厥詞、如形染紫毫之処、如向闇夜、不弁筆点、仍散々無極、後見招恥辱者也而已、

大和尚位宗昭七十四

画工康楽寺沙弥円寂

# 本《ほん》願《がん》寺《じ》聖《しょう》人《にん》伝《でん》絵《ね》（御《ご》伝《でん》鈔《しょう》）下《げ》

（『真宗聖典』七三二頁）

## 第一段　師弟配流

浄土宗興行《じょうどしゅうこうぎょう》によりて、聖道門廃退《しょうどうもんはいたい》す。是空師《これくうし》の所為《しょい》なりとて、忽《たちまち》に、罪科《ざいか》せらるべきよし、南北《なんぼく》の碩才《せきさい》憤《いきどお》り申《もう》しけり。『顕化身土文類《けんけしんどもんるい》』の六《ろく》に云《のたま》わく、「竊《ひそ》かに以《おもん》みれば、聖道《しょうどう》の諸教《しょきょう》は、行証久《ぎょうしょうひさ》しく廃《すた》れ、浄土《じょうど》の真宗《しんしゅう》は証道《しょうどう》いま盛《さかん》なり。然《しか》るに、諸寺《しょじ》の釈門《しゃくもん》、教《きょう》に昏《くら》くして、真仮《しんけ》の門戸《もんこ》を知《し》らず。洛都《らくと》の儒《じゅ》林《りん》、行《ぎょう》に迷《まど》うて邪正《じゃしょう》の道路《どうろ》を弁《わきま》うることなし。ここをもって、興福寺《こうぶくじ》の学《がく》徒《と》、太上天皇《だいじょうてんのう》　諱尊成《いみなたかなり》、後鳥羽院《ごとばのいん》と号《こう》す　今上《きんじょう》　諱為仁《いみなためひと》、土御門院《つちみかどのいん》と号《こう》す　聖《せい》暦承元丁卯《れきじょうげんひのとのう》の歳《とし》、仲春上旬《ちゅうしゅんじょうじゅん》の候《こう》に奏達《そうたつ》す。主上臣下《しゅしょうしんか》、法《ほう》に背《そむ》き義《ぎ》に違《い》し、忿《いかり》を成《な》し怨《あた》を結《むす》ぶ、これに因《よ》って、真宗興隆《しんしゅうこうりゅう》の太祖源空法師《たいそげんくうほっし》、ならびに門徒《もんと》数輩《すはい》、罪科《ざいか》を考《かんが》えず、猥《みだ》りがわしく死罪《しざい》に坐《つみ》す、あるいは僧儀《そうぎ》を改《あらた》め、姓名《しょうみょう》を賜《たま》わって、遠流《おんる》に処《しょ》す、予《よ》はその一《ひとつ》なり。しかれば、すでに僧《そう》に非《あら》ず、俗《ぞく》に非《あら》ず、このゆえに、禿《とく》の字《じ》をもって姓《しょう》とす、空師《くうし》ならびに弟子《でし》ら諸方《しょほう》の辺《へん》州《しゅう》に坐《つみ》して、五年《ごねん》の居緒《きょしょ》（諸）を経《へ》たり」と云々《うんぬん》　空聖人罪名藤井元彦《くうしょうにんざいみょうふじいのもとひこ》、配《はい》所土佐国《しょとさのくに》　幡多《はた》、鸞聖人罪名藤井善信《らんしょうにんざいみょうふじいのよしざね》、配所越後国《はいしょえちごのくに》　国府《こくぶ》、このほかの門《もん》徒《と》、死罪流罪《しざいるざい》みな之《これ》を略《りゃく》す。皇帝《こうてい》　諱守成《いみなもりなり》、佐渡院《さどのいん》と号《こう》す　聖代建暦辛未《せいだいけんりゃくかのとのひつじ》の歳子月中旬第七日《としじげつちゅうじゅんだいしちにち》、岡崎中納言範光卿《おかざきのちゅうなごんのりみつのきょう》をもって勅免《ちょくめん》、このとき聖人《しょうにん》右《みぎ》のごとく、禿字《とくのじ》を書《か》きて奏聞《そうもん》し給《たま》うに、陛下叡感《へいかえいかん》をくだし、侍臣《じしん》おおきに褒美《ほうび》す。勅免《ちょくめん》ありといえども、かしこに化《け》を施《ほどこ》さんために、なおしばらく在国《ざいこく》し給《たま》いけり。

（絵）

第十三図　親鸞配流……………………88頁掲載
第十四図　〈右〉越後巡錫………………90頁掲載

承元元年（一二〇七）二月、聖人三十五歳。念仏弾圧で師弟共配流。聖人、越後へ流罪に。僧籍を剝奪された聖人は「愚禿釈親鸞(ぐとくしゃくしんらん)」と名のる。五年後の建暦元年（一二一一）十一月勅免されるが、帰洛せず、越後の教化に努める。

## 意訳

# 本願寺聖人親鸞伝絵　下

### 第一段

法然《ほうねん》さまが、いつでも、どこでも、だれでも歩める、浄土の門を開かれたことによって、聖者のための難《むずか》しい、狭き門となってしまった聖《しょう》道《どう》の仏教は、根本から反省しなければならない時点に立たされていたのです。

ところが、奈良や比叡山の聖道仏教の学者たちは、「浄土の教えなど正統の仏教ではない。そんな教えを説いて人心を惑《まど》わす法然を、ただちに処罰すべきである」と、怒り狂うのでした。

親鸞《しんらん》さまの『教行信証《きょうぎょうしんしょう》』化身土巻には、次のように記されています。「静かに考えてみると、伝統的な仏教である聖道の諸教は、いつのまにか、その生き生きとした生命を見失い、難しい理屈の学問に変身し、もはや、苦しみ悩む人々を救うようなはたらきはなくなりました。だれが考えても、今では浄土の真宗こそ、一般大衆がよみがえっていく唯一の道にちがいありません。

ところが、諸寺の学僧たちは、もはや形式だけ残っている伝統の仏教にしがみついて、ほんとうにこの世を救う教えに背を向けて、真実の自己を見る眼を持たず、狭い時代遅れの考えにいつまでも閉じこもっているのです。都の儒学者たちも、人々に道徳を教える立場にありながら、何が正しいことで、何がまちがっているのかを明確にせず、時の権力者にこびへつらうだけになってしまいました。

そのために、興福寺の学僧たちは、土御門《つちみかど》天皇の承元元年（一二〇七）二月のころ、朝廷に浄土教徒を弾圧するよう申し入れたのです。

上は天皇から、下は家臣にいたるまで、真実の法を聞く耳を失い、正しい道を見分ける眼を閉ざして、怒り、ねたむのでした。これによって、その時すでに形骸化《けいがいか》していた仏教を批判し、真実を訴えていた法然さま、ならびにその門弟たち数名は、無法にも死罪になったり、あるいは僧の身分を奪われて、遠方へ追放されたのです。私、親鸞もその一人だったのです。

だからもう私は、僧という肩書や権威など何もないし、そうかといって、目さきの楽しみを追う生活に満足している俗人であるともいえないので、頭だけそった変な俗人だという意味の、禿《とく》の字を私の名にしたのです。法然さまと、その弟子たちは、あちらこちらに追放されて、五年の月日が流れました」。法然さま、罪人としての名、藤井元彦《もとひこ》、配所は土佐国。親鸞さま、罪人としての名、藤井善信《よしざね》、配所は越後国。このほかお弟子で死罪、流罪《るざい》になった者は多いけれども、ここでは略します。

さて、順徳天皇の建暦元年（一二一一）十一月十七日、岡崎中納言範光《のりみつ》卿を通じて、罪が許されました。そのとき親鸞さまは、すでに述べたように禿《とく》の字で署名した報告書を出されたので、天皇も深い感銘を受けられ、侍臣《じしん》たちも心からほめたたえたと伝えられています。

罪は許されたのですが、親鸞さまは、各地に念仏の教えを伝えようと、しばらく越後国にとどまることになりました。

**御伝鈔のこころ**

どの教えが正しいか、どの教えがまちがっているのか、そんなことは他者が決めることではないのです。自分自身がほんとうに自分の生き方に真剣にとりくんでいるかどうか、私たちはいつも自分の胸に問わなくてはなりません。それを忘れると、自分の見せかけの利害にふりまわされて、善悪を理屈で決めようとするにちがいないのです。何年教えを聞いていても、けっして耳なれすずめにならなかった親鸞さまの姿勢を、私たちは忘れてはなりません。

## 第二段　稲田興法

（『真宗聖典』七三二頁〜七三三頁）

聖人《しょうにん》越後国《えちごのくに》より常陸国《ひたちのくに》に越《こ》えて、笠間郡《かさまのこおり》稲田郷《いなだのごう》という所《ところ》に隠居《いんきょ》したまう。幽栖《ゆうせい》を占《し》むといえども、道俗《どうぞく》跡《あと》をたずね、蓬戸《ほうこ》を閉《と》ずといえども、貴賤《きせん》ちまたに溢《あふ》る。仏法《ぶっぽう》弘通《ぐずう》の本懐《ほんがい》ここに成就《じょうじゅ》し、衆生利益《しゅじょうりやく》の宿念《しゅくねん》たちまちに満足《まんぞく》す。このとき、聖人《しょうにん》おおせられて云《のたま》わく、「救世菩薩《くせぼさつ》の告命《ごうみょう》を受《う》けし往《いにしえ》の夢《ゆめ》、既《すで》に今《いま》と符合《ふごう》せり。」

（絵）**第十四図　〈左〉稲田興法**……………………90頁掲載

建保二年（一二一四）、聖人四十二歳。配所越後より佐貫を経て常陸国（茨城県）稲田に隠棲、道俗の帰依あり、大いに教化する。

## 意訳

### 第二段

親鸞《しんらん》さまは、越後国《えちごのくに》をあとにして、常陸国《ひたちのくに》へ移り、笠間《かさま》郡《のこおり》稲田郷《いなだのごう》というところに住まわれることになりました。人里離れた山の中に移り住んだのですが、坊さんであろうと、俗人であろうと、そんなことに関係なくそこへ訪ねる人は多く、粗末なわらぶきの家に、身分の高い人も、名もなき人々も続々と集まってくるのでした。

南無阿弥陀仏《なむあみだぶつ》の教えをみんなのものに、という仏の願いは、ここにようやく花開き、だれでも歩める浄土への道は、やっとここに民衆の生活の中に根をおろすことになりました。

このとき親鸞さまは、「救世《くせ》観音の夢のお告げが、いま、やっと私の生活に現れてきましたよ」と、おおせられました。

**御伝鈔のこころ**

念仏するなどと聞くと、暗いイメージを抱く人が多いのではなかろうか。だが、親鸞さまの歩いた生涯を見ると、底なしに明るいのです。南無阿弥陀仏の教えに育てられる人は、生き生きと躍動している。だからその人の歩むところは、まわりが感化されてよみがえるのです。先入観にとらわれず教えをひもときましょう。

## 第三段　弁円済度

（『真宗聖典』七三三頁）

聖人《しょうにん》常陸国《ひたちのくに》にして、専修念仏《せんじゅねんぶつ》の義《ぎ》をひろめ給《たま》うに、おおよそ、疑謗《ぎほう》の輩《ともがら》はすくなく、信順《しんじゅん》の族《やから》はおおし。しかるに一人《いちにん》の僧《そう》　山臥《やまぶし》云々《うんぬん》　ありて、ややもすれば、仏法《ぶっぽう》に怨《あた》をなしつつ、結句害心《けっくがいしん》をさしはさんで、聖人《しょうにん》をよりよりうかがいたてまつる。聖人《しょうにん》、板敷山《いたじきやま》という深山《しんざん》をつねに往反《おうへん》し給《たま》いけるに、彼《か》の山《やま》にして度々《どど》相待《あいま》つといえども、さらに其《そ》の節《せつ》をとげず、つらつらことの参差《しんし》を案《あん》ずるに、すこぶる奇特《きどく》のおもいあり。よって、聖人《しょうにん》に謁《えっ》せんとおもう心《こころ》つきて禅室《ぜんしつ》に行《い》きてたずね申《もう》すに、聖人左右《しょうにんそう》なく出会《いであ》いたまいにけり。すなわち尊顔《そんげん》にむかいたてまつるに、害心《がいしん》たちまちに消滅《しょうめつ》して、あまつさえ後悔《こうかい》の涙禁《なみだきん》じがたし。ややしばらくありて、ありのままに、日来《ひごろ》の宿鬱《しゅくうつ》を述《じゅっ》すといえども聖人《しょうにん》またおどろける色《いろ》なし。たちどころに弓箭《きゅうせん》をきり、刀杖《とうじょう》をすて、頭巾《ときん》をとり、柿衣《かきのころも》をあらためて、仏教《ぶっきょう》に帰《き》しつつ終《つい》に素懐《そかい》をとげき。不思議《ふしぎ》なりしことなり。すなわち明法房《みょうほうぼう》これなり。聖人《しょうにん》これをつけ給《たま》いき。

（絵）第十五図　〈右〉板敷摂化……92頁掲載
〈左〉弁円済度……92頁掲載

承久三年（一二二一）、聖人四十九歳。板敷山での待ちぶせに失敗した山伏弁円は、聖人を殺害せんと稲田の禅室へ。聖人の尊顔にふれた弁円は、たちどころに帰伏、弟子となる。のちの明法房である。

## 意訳

### 第三段

親鸞《しんらん》さまは、常陸国《ひたちのくに》にあって、「ただひとえに阿弥陀如来の本願に自分の人生のすべてをまかせ南無阿弥陀仏の教えに導かれて、明るい、生き生きとした私に生まれ変わる」という体験を人々に語られましたが、その教えを疑いそしるなどという人は少なく、ほとんどの人は、その教えを心から喜び苦難の生活に立ち向かっていきました。

だが、この世の中には、そんな簡単に救いの門をくぐれる人ばかりとはかぎりません。常陸国に弁円《べんねん》という山伏の修行者がおりました。偉い修行者ということでまわりの人々の尊敬を一身に集めていたのですが、親鸞さまのところへ、念仏の教えを聞こうと集まる人が多くなるにつれて、恨《うら》みを抱くようになり、最後には、親鸞さまを殺害しようとまで思いつめ、親鸞さまの動向をうかがうようになったのです。

そのころ親鸞さまは、念仏の教えを説き弘《ひろ》めようと、板敷山《いたじきやま》という深山の小路をしばしば往復しておられたので、弁円はそこに待ち伏せして親鸞さまをつかまえようとしましたが、いつもさまざまな邪魔がはいって、その目的を達することができませんでした。そのうちに人のうわさをいろいろ聞いてみると、どうも親鸞という人は、自分が考えていたような人ではないらしいのです。そこでためしに一度会ってみようと思い、思いきって親鸞さまのすまいを訪れたところ、親鸞さまは喜んでお会いになりました。

弁円が親鸞さまの尊いお顔をはじめて仰いだとき、これはまことに不思議なことであるが、いままで親鸞さまを亡きものにしようと恨み憎んでいた心が一度に消え失せて、それどころか、「なぜこんなすばらしい人を殺害しようなどという恐ろしいことを考えたのか」と、後悔の涙がこぼれてくるのでした。

ややしばらくして、山伏弁円は、今までつもりつもっていた恨み、憎しみの心の内をありのままに親鸞さまにうちあけましたが、親鸞さまは、あまり驚くようすもありませんでした。

弁円は、そこで、すぐさま、持っていた弓矢を折り、刀やつえを投げ捨て、頭巾《ときん》をはずし、着衣をあらためて、南無阿弥陀仏の教えに育てられる身となり、ついに今まで見失っていた生き生きとした人生に目覚めることができたのです。これはほんとうに不思議なことでした。後に明法房《みょうほうぼう》と呼ばれるようになった、念仏者のお手本のようなお方は、この人のことなのです。その名は、親鸞さまがおつけになったものです。

## 御伝鈔のこころ

私たちは、一生懸命に教えを聞いている人が早く目覚め、教えに背を向けるような者には救いはない、と思いこみやすいが、それはとんでもない誤解です。救いは、自分の努力で勝ちとるようなものではなく、思いもかけない阿弥陀如来の本願とのめぐりあいから生まれるのです。念仏の教えを非難している者よりも、自分こそ念仏の教えがわかっているつもりの聞法《もんぼう》模範生？の方が、ほんとうに目覚めることはむつかしいのだ、ということを、私たちはいつも忘れてはならないのです。

# 第四段　箱根示現

（『真宗聖典』七三四頁）

聖人《しょうにん》、東関《とうかん》の堺《さかい》を出《い》でて、花城《かせい》の路《みち》におもむきましましけり。ある日《ひ》晩陰《ばんいん》におよんで箱根《はこね》の険阻《けんそ》にかかりつつ、はるかに、行客《こうかく》の蹤《あと》を送《おく》りて、ようやく人屋《じんおく》の樞《とぼそ》にちかづくに、夜《よ》もすでに暁更《ぎょうこう》におよんで、月《つき》もはや孤嶺《これい》にかたぶきぬ。時《とき》に、聖人《しょうにん》あゆみよりつつ、案内《あんない》したまうに、まことに齢傾《よわいかたむ》きたる翁《おきな》のうるわしく装束《しょうぞき》たるがいとこととく（疾）出会《いであ》いたてまつりて、いうよう、「社廟《しゃびょう》ちかき所《ところ》のならい巫《かんなぎ》どもの、終夜《よもすがら》、あそびし侍《はんべ》るに、おきなもまじわりつるに、いまなんいささかよりい（寄居）侍《はんべ》ると、思《おも》うほどに、夢《ゆめ》にもあらず、うつつにもあらで、権現《ごんげん》おおせられて云《い》わく、「ただいまわれ尊敬《そんきょう》をいたすべき客人《きゃくじん》、この路《みち》を過《す》ぎ給《たま》うべきことあり、かならず慇懃《いんぎん》の忠節《ちゅうせつ》を抽《ぬきん》でて、ことに丁寧《ていねい》の饗応《きょうおう》をもうくべし」と云々《うんぬん》　示現《じげん》いまだ覚《さめ》おわらざるに、貴僧《きそう》忽爾《こつじ》として影向《ようごう》し給《たま》えり。何《なん》ぞただ人《びと》にましまさん。神勅《しんちょく》これ炳焉《へいえん》なり。感応《かんのう》、もっとも恭敬《くぎょう》す」といいて、尊重屈請《そんじゅうくっしょう》したてまつりて、さまざまに飯《ぼん》食《じき》を粧《よそお》い、いろいろに珍味《ちんみ》を調《ととの》えけり。

（絵）第十六図〈右〉箱根示現……………………94頁掲載

文暦元年（一二三四）、聖人六十二歳。関東から帰洛の途中、箱根で奇瑞にあう。

意訳

第四段

親鸞《しんらん》さまは、関東での約二十年にわたる生活に別れをつげ、京へ戻るための旅におたちになりました。ある晩のこと、箱根のけわしい山路にさしかかったとき、もうあたりには人影もありませんでした。ようやく人家らしいものを見つけたときには、もう夜もふけて、月は山のうしろに傾きかけていました。

親鸞さまが、人家の方へ歩みよられたとき、どこからともなく、装いも正しい老人が現れて、うやうやしく次のように話すのでした。

「この地方のならわしで、権現《ごんげん》さまに仕える者たちが集まって、夜通し、祭りに興じておりました。私もその中にいて、さて、そろそろおいとましようかと思っていた矢さきに、夢うつつのうちに権現さまが私の前に立たれ、私が尊敬している客人が、今この道をお通りになります。だから失礼にならないように、特にていねいにおもてなしするように、といわれたのです。そして、そのお告げが終わるか終わらないうちに、あなたさまのお姿が突然現れたのです。あなたさまは、きっと、ただ人ではございません。神さまのお告げはうそではございませんでした。さあ、どうぞこちらへおいでください」老人は深く頭をさげて、親鸞さまをご案内し、さまざまな珍味をととのえておもてなしするのでした。

### 御伝鈔のこころ

親鸞さまは、私の教えが正しい、お前の教えはまちがっている、というような理屈で教えを弘《ひろ》められたのではないことが、こういう伝説からわかるのでしょう。どの教えが正しいかではなく、生き生きとした明るい親鸞さまの姿勢に、めぐりあう者は頭をさげずにはいられなかったのです。念仏の教えは、他人に聞かせるのではなく、まず私が聞くのだ、ということを、しっかりと心にとどめておきたいものです。

# 第五段　熊野示現

（『真宗聖典』七三四頁〜七三六頁）

聖人《しょうにん》故郷《こきょう》に帰《かえ》りて往事《おうじ》をおもうに、年々《ねんねん》歳々《せいせい》夢《ゆめ》のごとし、幻《まぼろし》のごとし。長安《ちょうあん》・洛陽《らくよう》の栖《すみか》も跡《あと》をとどむるにものうしとて、扶風馮翊《ふふうふよく》ところどころに移住《いじゅう》したまいき。五条西洞院《ごじょうにしのとういん》わたり、一《ひと》つの勝地《しょうち》なりとて、しばらく居《きょ》をしめたまう。今比《このごろ》、いにしえ口決《くけつ》を伝《つた》え、面受《めんじゅ》を遂《と》げし門徒《もんと》等《ら》、おのおの好《よし》みを慕《した》い、路《みち》を尋《たず》ねて、参集《さんじゅう》したまいけり。その比《ころ》、常陸国《ひたちのくに》那荷西郡《なかのさいのこおり》大部郷《おおぶのごう》に、平太郎《へいたろう》なにがしという庶民《しょみん》あり。聖人《しょうにん》の御訓《みおしえ》を信《しん》じて、専《もっぱ》らふたごころなかりき。しかるに、あるとき、件《くだん》の平太郎《へいたろう》、所務《しょむ》に駈《か》られて熊野《くまの》に詣《けい》すべしとて、ことのよしをたずね申《もう》さんために、聖人《しょうにん》へまいりたるにおおせられてのたまわく、「それ、聖教万差《しょうぎょうまんじゃ》なり。いずれも機《き》に相応《そうおう》すれば巨益《こやく》あり。ただし、末法《まっぽう》の今《いま》の時《とき》、聖道《しょうどう》の修行《しゅぎょう》においては成《じょう》ずべからず。すなわち『我末法《がまっぽう》時中億々《じちゅうおくおく》衆生《しゅじょう》、起行修道未有一人得者《きぎょうしゅどうみういちにんとくしゃ》』（安楽集《あんらくしゅう》）といい、『唯有浄土一門可《ゆいうじょうどいちもんか》通入路《つにゅうろ》』（同）と云々《うんぬん》　此皆《これみな》、経釈《きょうしゃく》の明文《めいもん》、如来《にょらい》の金言《きんげん》なり。しかるに今《いま》、唯《ゆい》有浄土《うじょうど》の真説《しんせつ》に就《つ》きて、かたじけなく彼《か》の三国《さんごく》の祖師《そし》、おのおの此《こ》の一宗《いっしゅう》を興行《こうぎょう》す。このゆえに、愚禿勧《ぐとくすすむ》るところ、更《さら》にわたくしなし。しかるに一向専念《いっこうせんねん》の義《ぎ》は往生《おうじょう》の肝腑《かんぷ》、自宗《じしゅう》の骨目《こつもく》なり。すなわち、三経《さんぎょう》に隠顕《おんけん》ありといえども、文《もん》と云《い》い、義《ぎ》と云《い》い共《とも》に明《あき》らかなるをや。『大経《だいきょう》』の三輩《さんぱい》にも、一向《いっこう》と勧《すす》めて、流通《るずう》にはこれを弥勒《みろく》に付属《ふぞく》し、『観経《かんぎょう》』の九品《くほん》にも、しばらく三心《さんじん》と説《と》きて、これまた阿難《あなん》に付属《ふぞく》す、『小経《しょうきょう》』の一心《いっしん》ついに諸仏《しょぶつ》これを証誠《しょうじょう》す。これによって、論主《ろんじゅ》一心《いっしん》と判《はん》じ、和尚《かしょう》一向《いっこう》と釈《しゃく》す。しかればすなわち、何《いずれ》の文《もん》によりて、専修《せんじゅ》の義《ぎ》、立《りっ》すべからざるぞや。証誠殿《しょうじょうでん》の本地《ほんじ》すなわちいまの教主《きょうしゅ》なり。かるがゆえに、とてもかくても、衆生《しゅじょう》に結縁《けちえん》の心《こころ》ざしふかきによりて、和光《わこう》の垂跡《すいしゃく》をとどめたまう。垂跡《すいしゃく》をとどむる本意《ほんい》、ただ結縁《けちえん》の群類《ぐんるい》をして願海《がんかい》に引入《いんにゅう》せんとなり。しかあれば、本地《ほんじ》の誓願《せいがん》を信《しん》じて偏《ひとえ》に念仏《ねんぶつ》をことせん輩《ともがら》、公務《くむ》にもしたがい、領主《りょうしゅ》にも駈仕《くし》して、其《そ》の霊地《れいち》をふみ、その社廟《しゃびょう》に詣《けい》せんこと、更《さら》に自心《じしん》の発起《ほっき》するところにあらず。しかれば垂跡《すいしゃく》におきて、内懐虚仮《ないえこけ》の身《み》たりながら、あながちに賢善精進《けんぜんしょうじん》の威儀《いぎ》を標《ひょう》すべからず。唯《ただ》、本地《ほんじ》の誓約《せいやく》にまかすべし、あなかしこ、あなかしこ、神威《しんい》をかろしむるにあらず、ゆめゆめ冥眦《みょうし》をめぐらし給《たま》うべからず」と云々《うんぬん》　これにより て平太郎熊野《へいたろうくまの》に参詣《さんけい》す。道《みち》の作法《さほう》とりわき整《ととの》うる儀《ぎ》なし。ただ常没《じょうもつ》の凡情《ぼんじょう》にしたがえて、更《さら》に不浄《ふじょう》をもかいつくろうことなし、行住座臥《ぎょうじゅうざが》に本願《ほんがん》をあおぎ、造次顚沛《ぞうしてんぱい》に師孝《しきょう》をまもるに、はたして無為《むい》に参着《さんちゃく》の夜《よ》、件《くだん》の男夢《おとこゆめ》に告《つ》げて云《い》わく、証誠殿《しょうじょうでん》の扉《とびら》をおしひらきて衣冠《いかん》ただしき俗人《ぞくじん》おおせられて云《い》わく、「汝何《なんじなん》ぞ我《われ》を忽緒《こっしょ》して汚穢不浄《わえふじょう》にして参詣《さんけい》するや」と。そのときかの俗人《ぞくじん》に対座《たいざ》して聖人忽爾《しょうにんこつじ》としてまみえたまう、その詞《ことば》に云《い》わく、「彼《かれ》は善信《ぜんしん》が訓《おしえ》によりて、念仏《ねんぶつ》する者《もの》なり」と云々《うんぬん》　ここに俗人《ぞくじん》笏《しゃく》を直《ただ》しくして、ことに敬屈《けいくつ》の礼《れい》を著《あら》わしつつ、かさねて述《の》ぶるところなしと見《み》るほどに、夢《ゆめ》さめおわりぬ。おおよそ奇異《きい》のおもいをなすことというべからず。下向《げこう》の後《のち》、貴房《きぼう》にまいりて、くわしく此《こ》の旨《むね》を申《もう》すに、聖人《しょうにん》「其《そ》の事《こと》なり」とのたまう。此《これ》また不《ふ》可思議《かしぎ》のことなりかし。

（絵）　**第十六図　〈左〉洛陽訪問**……………………**94頁掲載**

**第十七図　熊野参詣**……………………………**96頁掲載**

延応二年（一二四〇）三月、聖人、関東の門弟平太郎の熊野参詣について教示する。

## 意訳

### 第五段

故郷に帰られた親鸞《しんらん》さまは、自分の足跡をふりかえってみると、一つ一つのできごとが、夢か幻のように思われるのでした。

その昔、長安《ちょうあん》、洛陽《らくよう》のように栄華《えいが》を誇った都さえ、その夢のあとは、見苦しく、悲しいものだ、ということをしみじみと感じられた親鸞さまは、何も持たない人生こそ、最もさわやかな生きざまだと受けとめられて、どこともなく、転々と移り住まわれるようになりました。

あるとき親鸞さまは、五条西洞院のあたりがお気に入りになり、しばらくそこに落ちつかれることになりました。そこで、親鸞さまのお弟子たちは、そのことを伝え聞き、教えを受けようと、遠路はるばるやってくるのでした。

その中に、常陸国那荷西郡大部郷《ひたちのくになかのさいのこおりおおぶのごう》の住人、平太郎という人がおりました。かねてから親鸞さまの教えを喜ぶ人でした。

その平太郎が、あるとき村の生活のおつきあいで、熊野神社へ参詣することになりました。だが、自分をごまかすことのできない、まじめな平太郎は、南無阿弥陀仏の教えに育てられて生活している者が、神さまを拝みに行くなどというのはどう考えてもおかしい。そんなことをまわりの人たちとのおつきあいにせよ、念仏者がやってもよいのだろうか、と、疑問を持つようになったのです。そこで、何となく気持がすっきりしないので、親鸞さまを訪ねたのです。

親鸞さまは、そのとき平太郎に向かって、次のようにお話になりました。

「一口に、仏の教えといっても、さまざまなかたちのものがあります。どの教えでも、その教えの通りに修行することができるならば、必ず目覚《めざ》めることができるのでしょう。だが、お釈迦さまが亡くなられてから一千有余年もたってしまったこの末法の時代と呼ばれる現在、輝かしい伝統を有する聖道門《しょうどうもん》の教えも形だけのものとなり、とても愚《おろ》かな私たちが歩めるような道ではなくなりました。そのことはすでに、『私たちが生きるこの末法の世にあっては、何億という人々が一生懸命教えのように修行し、道を学んでも、いまだかつて、一人としてさとりをひらいた人などいないではないか』と指摘されているし、また『こういう何が正しいか、何がまちがっているのか、わからない世の中では、南無阿弥陀仏の教えに導かれて生きる、浄土の一門しか、私たちが確実によみがえる道はないのです』と教えられています。これはみな経典や、釈文にはっきりと記されている真実の金言《きんげん》なのです。

今、私たちは、その浄土の道の正しいいわれについて、インド、中国、日本の三国の大先輩の諸先生方から、あきらかに聞き開くことができるのです。だからこのことは、この愚《おろ》か者の親鸞が、あらためて何か特別な理論をたてて、皆さんに勧めなければならないようなことは何もないのです。

けれども、南無阿弥陀仏の教えに、ただひとすじに導かれ、育てられて生きることこそ、浄土往生の明るい人生へのかなめであり、真宗の根本精神なのです。このことは、すでに、浄土三部経（『大無量寿経』『観無量寿経』『阿弥陀経』）に、あるいは、暗示的に説かれていたり、あるいは、そのものずばりとあらわされている、という違いはあっても、それぞれ南無阿弥陀仏のいわれがはっきりと教えられているのです。

『大無量寿経』に、この世にあって、縁によってさまざまな生き方をしている人間が、それぞれ、どうすればよみがえることができるか（三《さん》輩《ぱい》往生《おうじょう》）が説かれているところに、どの人もただひとすじに無量寿仏を念ぜよ（南無阿弥陀仏の教えに導かれ、育てられる身となれ）、と勧められ、経典の終わりの流通分《るずうぶん》には、弥勒菩薩《みろくぼさつ》に、仏教がみんな何の力もなくなったにせものばかりになっても、南無阿弥陀仏は人々の生きるささえとしてはたらくであろうと説かれています。

また『観無量寿経』の、この世を生きる上で、煩悩具足の凡夫といわれるさまざまなすがたをあらわした九通りの人間が、どうすれば救われるのか（九品往生《くぼんおうじょう》）を説かれたところにも、この南無阿弥陀仏に育てられていく心を、一、まじめな心、二、深く私を知り法を知る心、三、如来の願いに生きる心、というように、まずだれにもわかりやすいようにあらわされ、それを阿難尊者《あなんそんじゃ》に、後の世の人々に、まちがいのないように伝えよ、と教えられているのです。

さらに、『阿弥陀経』には、お釈迦さまが、ただひとえに南無阿弥陀仏のみ名を受けたもつように、と教えられたとき、あらゆる世界の仏（目覚めた人）たちが、こぞって、その南無阿弥陀仏に育てられる世界をほめたたえられた、とあらわされているのです。

そして、その浄土三部経をいただかれた、インドの世親《せしん》（天親）菩薩《ぼさつ》は、『世尊よ、私はただひとえに、どんな逆境も、すばらしい人生をかたちづくる素材に変える、さわりなき光の仏（阿弥陀如来）の願いをいただいて、ほんとうのやすらぎの世界に生まれたいと思います』と告白され、また中国の善導大師《ぜんどうだいし》は、『阿弥陀如来のほんとうの願いは、ただすべての人に、南無阿弥陀仏の教えを与えよう、ということなのです』と、説かれているのです。

このように、私たちは、どの経釈《きょうしゃく》をひもといても、ただひとえに南無阿弥陀仏の教えに導かれて生きよ（一向専念《いっこうせんねん》）といういわれを知ることができるのです。だから、熊野権現《ごんげん》という、人々がみな、自分だけの欲望を満足させる祈りのために集まる所にはちがいないが、仮に神さまというかたちをとって人々の心をひきつけているその根源をたずねていけば、その深みには、阿弥陀の本願が生き生きと躍動しているのです。

何とかして、目さきの楽しみにふりまわされている私たちとご縁を結び、真実の人生を歩ませたい、というのが如来の願いです。そのために、だれでもよくわかるように、仮に何でも願いをかなえてくださる権現さまの姿となって、私たちの前に現れておられるのでしょう。権現さまがこの世に存在する意義は、ただひとえにできるだけ大ぜいの人々とご縁を結んで、阿弥陀の世界へ目覚めさせようとするところにあるのです。

ですから、阿弥陀の親心とめぐりあって、念仏の生活を喜ぶ人であっても、この世で生活するかぎり、さまざまなおつきあいによって、神社に参らなければならないこともあるでしょう。でも、それは決して自分から進んで神さまにお祈りしてご利益《りやく》を得ようというのではないのでしょう。中味はからっぽで、うそいつわりに充《み》ちみちている自分のほんとうの姿に気がつかせていただいた今、神さまの前だからといって、どうして外側だけ美しく飾って、ごまかすことができましょうか。ただ神さまの背後に感じられる、こんなうそいつわりの生活をしている私まで、決して見捨てることのない、阿弥陀の親心に身をまかせるばかりなのです。これはほんとうに有難いことです。神さまをばかにするのではないのです。ただゆめゆめお祈りすれば願い事をかなえてもらえる、などと自分のあさましい心をたなにあげて、虫のよいことを願ってはなりません」と。

そこで平太郎は熊野に参りましたが、道中とりたてて身を清めたり、これをしなければバチがあたるなどと、縁起をかつぐようなことはしませんでした。ただふだんと同じように振る舞い、素顔のまま、旅を続けたのです。

さて、このような寝ても覚《さ》めても、朝から晩まで、阿弥陀の親心のままに、念仏の教えを喜び、師の教えを忘れずに旅を続け、無事熊野に到着した夜のこと、平太郎は夢を見たのです。神殿のとびらが開かれて、正装した人が現れていうことには、「お前は どうして 神を恐れずに、そのような汚れた姿のままここに参ったのか」と。そのときその威厳のある人の前に、突然どこからともなく親鸞さまが現れて、おすわりになり、「この人は私と一緒に南無阿弥陀仏の教えに導かれて生きる者です」と、おおせられたのです。すると、そのお方は、手にもった笏《しゃく》を正して、特にうやうやしく頭をさげて、ただうなずくばかりでした。そこで平太郎は夢から覚めたのです。

それはほんとうに不思議な夢でした。熊野からの帰り道、平太郎は、親鸞さまのもとに立ち寄り、くわしくそのことをお話すると、親鸞さまは、「なるほどそれでよかったのです」といわれました。これもまた不思議なことでありました。

## 御伝鈔のこころ

南無阿弥陀仏の教えと共に生きるものは、この世の中に何も恐れるものはないのです。これほど有難いことはありません。それなのに、私たちの生活の中には、縁起がよいとか、わるいとか、バチがあたるとか、たたりがあるとか、眼に見えないものに恐れおののき、親鸞さまが命をかけて教えてくださった明るい生活に、泥を塗ってはいないでしょうか。

## 第六段　洛陽遷化

（『真宗聖典』七三六頁）

聖人弘長二歳《しょうにんこうちょうにさい》壬戌《みずのえいぬ》仲冬下旬《ちゅうとうげじゅん》の候《こう》より、いささか不例《ふれい》の気《き》まします。自爾《それより》以来《このかた》、口《くち》に世事《せじ》をまじえず、ただ仏恩《ぶっとん》のふかきことをのぶ。声《こえ》に余言《よごん》をあらわさず、もっぱら称名《しょうみょう》たゆることなし。しこうして同第八日午時《おなじきだいはちにちのうまのとき》、頭北面西《ずほくめんさい》右脇《うきょう》に臥《ふ》し給《たま》いて、ついに念仏《ねんぶつ》の息《いき》たえましましおわりぬ。時《とき》に、頽齢《たいれい》九旬《きゅうじゅん》に満《み》ちたまう。禅坊《ぜんぼう》は長安馮翊《ちょうあんふよく》の辺《ほとり》押小路南万里小路東《おしこうじのみなみまでのこうじよりひがし》なれば、はるかに河東《かとう》の路《みち》を歴《へ》て、洛陽東山《らくようひがしやま》の西《にし》の麓《ふもと》、鳥部野《とりべの》の南《みなみ》の辺《ほとり》、延仁寺《えんにんじ》に葬《そう》したてまつる。遺骨《いこつ》を拾《ひろ》いて、同《おなじき》山《やま》の麓《ふもと》、鳥部野《とりべの》の北《きた》、大谷《おおたに》にこれをおさめたてまつりおわりぬ。しかるに、終焉《しゅうえん》にあう門弟《もんてい》、勧化《かんけ》をうけし老若《ろうにゃく》、おのおの在世《ざいせ》のいにしえをおもい、滅後《めつご》のいまを悲《かなし》みて、恋慕涕泣《れんぼていきゅう》せずということなし。

## （絵）



弘長二年（一二六二）十一月、病臥。同月二十八日、御舎弟・尋有僧都《じんうそうず》の善法院にて御入滅。聖人御年九十歳。

## 意訳

### 第六段

親鸞《しんらん》さまは、弘長二年（一二六二）十一月下旬から、どうもお身体の具合がよくないようでした。それからは、あまり世の中のことなどを口にされず、もっぱら、すばらしい人生を歩むことができた恩を語られ、その一息一息にもれるお言葉は、もはやわずらわしい日常生活の会話ではなく、明るい、生き生きとした世界に自分を導いてくれた南無阿弥陀仏のみ名をとなえるばかりでありました。

こうして十一月二十八日、お釈迦さまの故事になぞらえて、北枕、西向き、右わきを下にして静かに横になられ、安らかにその念仏の生涯を閉じられました。亡くなられたのは九十のとしでありました。

亡くなられた場所は京都の押小路の南、万里小路の東でしたが、はるかに鴨川をこえて、東山、西のふもと、鳥部野の南のほとり、延仁寺において葬儀がとりおこなわれました。そして、遺骨を拾い、同じ山のふもと、鳥部野の北のほとり、大谷の地に納骨いたしました。

親鸞さまのご臨終《りんじゅう》にめぐりあえた門弟たち、あるいは親鸞さまの教えを受けた人々は、老いも若きも、それぞれ親鸞さまありし日をしのび、親鸞さまなき今を悲しみ、慕《した》い泣き伏すのでありました。

### 御伝鈔のこころ

高僧の臨終ということになると、こんな不思議なことがあった、と美しく飾られた言い伝えが残されるのが常であるが、親鸞さまの伝記は、ただ念仏の生涯を終えた、と淡々と記されているだけです。何も飾る必要のない、素顔のままの一生、親鸞さまは、それで十分であったにちがいありません。ほんとうに人間らしく生きる、ということはどういうことなのか、私たちは、今、静かに考えてみなければなりません。

## 第七段　本廟創立

（『真宗聖典』七三七頁）

文永《ぶんえい》九年《くねん》冬《ふゆ》の比《ころ》、東山《ひがしやま》西《にし》の麓《ふもと》、鳥部野《とりべの》の北《きた》、大谷《おおたに》の墳墓《ふんぼ》をあらためて、同《おなじき》麓《ふもと》よりなお西《にし》、吉水《よしみず》の北《きた》の辺《ほとり》に、遺骨《いこつ》を掘渡《ほりわた》して、仏閣《ぶっかく》をたて影像《えいぞう》を安《あん》ず。この時《とき》にあたりて、聖人相伝《しょうにんそうでん》の宗義《しゅうぎ》いよいよ興《こう》じ遺訓《ゆいくん》ますます盛《さか》りなること、すこぶる在世《ざいせ》のむかしに超《こ》えたり。すべて門葉《もんよう》国郡《こくぐん》に充満《じゅうまん》し、末流処々《まつりゅうしょしょ》に遍布《へんぷ》して幾千万《いくせんまん》ということをしらず。その稟教《ほんぎょう》を重《おも》くして、彼《か》の報謝《ほうしゃ》をぬきんずる輩《ともがら》、緇素《しそ》・老少《ろうしょう》、面々《めんめん》あゆみを運《はこ》びて、年々《ねんねん》廟堂《びょうどう》に詣《けい》す。おおよそ聖人在生《しょうにんざいしょう》の間《あいだ》、奇特《きどく》これおおしといえども、羅縷《らる》にいとまあらず。しかしながら、これを略《りゃく》するところなり。

（絵）　**第二十図　本廟創立**……102頁掲載

聖人滅後十年の文永九年（一二七二）の冬、東山大谷の地に聖人の御真影をご安置した廟堂（真宗本廟）が建立される。

## 意訳

### 第七段

文永九年（一二七二）冬のころ、東山、西のふもと、鳥部野の北、大谷の墓地を、同じふもとの西、吉水の北のほとりに移し、お堂を建てて、ありし日の親鸞《しんらん》さまのお姿を安置いたしました。

このときから親鸞さまの念仏の教えのともしびはいよいよ輝きを増し、その教えを喜ぶ人は日を追って多くなり、そのにぎやかさは、ご生前の昔をしのぐほどになりました。その心のともしびは、やがて各地にともされ、親鸞さまの志を継ぐ人々は全国に深い根をおろし、その教えを受ける者は数限りないありさまとなりました。そしてその教えを受けた喜びから、出家、在家、老若《ろうにゃく》男女を問わず、親鸞さまのご本廟《ほんびょう》に参拝し、阿弥陀の親心のこめられた南無阿弥陀仏のみ名と共に力強い歩みを続けているのです。親鸞さまのご一生には、まださまざまな言い伝えが残っていますが、ここでは省略します。

### 御伝鈔のこころ

人と生まれた喜びを知り、みんなと手をつないで明るい広い道を歩む、これこそ親鸞さまのご恩に応《こた》える人生です。さあ、親鸞さまと共に、すばらしい人生に眼を開きましょう。

（高松　信英）

# 御絵伝

「御絵伝」は、東本願寺成立の翌慶長八年（一六〇三）春、教如上人より西尾・聖運寺（開基・唯宗）へ下付された狩野山楽筆と伝わる「親鸞聖人御絵伝」を使用した。東本願寺の絵伝の濫觴（はじめ）といわれ、絵画的にも評価が高い由緒あるものである。絵図に①②と算用数字で番号を記し絵相解説を試みた。また、解説と余説の中で、特に説明を要する箇所には一、二、三と漢数字で番号を付し、補注（一〇四頁以下）とした。なお、カラーでないから解読上不備な点があるので巻頭のグラビアをも参照されたい。

なお、本書に収載の御絵伝を「聖運寺幅」とし、それに対し本山より一般寺院に下付される御絵伝を「流布軸」と略称した。

# 第一図 青蓮門前

（上巻第一段「出家学道」）

**場面解説** 養和元年（一一八一）三月十五日、伯父日野範綱卿に伴われ、九歳におなりの松若麿《まつわかまろ》（親鸞聖人《しんらんしょうにん》幼名）がご出家のため、慈円《じえん》僧正《そうじょう》の青蓮院《しょうれんいん》へおいでになり、ここは既に院内へお入り後の余情的な描写である。

青蓮院というのは、京都粟田口にある叡山延《えいざんえん》暦寺《りゃくじ》の掛所（別院）である。

松若麿は平安時代も末に近い承安三年（一一七三）藤原氏の一末流である皇太后宮大進《こうたいこうぐのだいしん》日野有範《ありのり》卿の嫡男《ちゃくなん》として誕生なされた。母君は源氏にゆかりのある吉光女《きっこうにょ》と伝えられている。

この古い「聖運寺幅《ふく》」の絵は、簡略な表現に

なっているが、一般の「流布軸《るふじく》」では、車にもたれ離別を嘆く車番、居眠る傘持と沓持《くつもち》、門内上方で語り合う近習《きんじゅう》四人、折掛垣の前で笑い騒ぐ五人連れなどを描き、どんな場合でもこうした機類がいるということを図示しているが、さらに全図にわたり添絵《そええ》にいたるまで、このように多彩に含蓄《がんちく》をこめて描き分けてある。

①松若麿お召しの牛車《ぎっしゃ》（網代車《あじろぐるま》）。
②松若麿の得度奏上《そうじょう》に出向する寺侍《てらざむらい》。
③門外に寺侍の馬。
④門の内外にお供の雑色《ぞうしき》。（雑役の従者）
⑤門前に咲く桜。

**絵相余説**

俗説では、四歳にして父君、八歳の時、母君が他界なされ、それが原因で出家なされたといわれてきたが、実は範宴《はんねん》（親鸞）二十歳の折、有範卿は主殿頭《とのものかみ》となり、その後、皇太后宮大進になって退官後、かなりの長命で亡くなられたのである。なお、絵伝二十図中の最初のこの図には主人公が不在であるが、これは発端《ほったん》としての特別な配慮によるものであろう。

# 第二図 〈左〉青蓮客殿 〈右〉得度剃髪

（上巻第一段「出家学道」）

**場面解説**

〈左〉 ここは青蓮院の客殿である。松若麿が伯父範綱《のりつな》卿と共に、慈円僧正にご対面の図である。本来なら稚児《ちご》のままでしばらく手習勉学すべきところを、折しも咲き乱れる庭前の桜花にことよせて、松若麿は「あすありと思ふ心のあだ桜夜半《よわ》に嵐の吹かぬものかは」とお歌いなされ、今日《きょう》のうちにもぜひと薙髪《ち》をせがまれたので、僧正も感ずるところがあり、式は今宵《こよい》すぐにと承諾《しょうだく》なされた。

①緋《ひ》の衣《ころも》は慈円僧正。二十七歳。

②僧正にご対面の松若麿と③範綱卿。

④椽《えん》に侍僧と喝食。（来客時は後向きに控える）

※この絵には描かれていないが、一般の「流布軸」には池のふちに菖蒲《しょうぶ》が咲いている。

〈右〉 青蓮院仏殿にて松若麿得度受式の場面である。出家

名は、父と伯父の「範」の字をいただいて範宴《はんねん》と命名された。ここに範綱卿の猶子《ゆうし》として得度を終えた範宴は、以後二十九歳まで、ひたすら天台の教義をはじめ、あらゆる経典聖教《しょうぎょう》について研鑽《けんさん》なされ、また横川楞厳院《よかわりょうごん》の常行三昧堂《じょうぎょうざんまい》で、堂僧[三]として不断念仏の修行に精励刻苦《せいれいこっく》なされた。

後の聖人の強固な信念や広汎な学識の下地は、既にこの少青年期の叡山時代に固められたものであった。

①経机に向かうは慈円僧正。②畳に座す範綱卿。

③真ん中に松若麿。

④剃髪僧は権智房性範《ごんちしょうはん》。⑤左右に紙燭《しそく》をかざす僧。

⑥椽に侍僧と喝食。(得度式ゆえ前向き)

**絵相余説**

戒師慈円(慈鎮)僧正は、摂政《せっしょう》九条兼実《かねざね》の実弟である。四度《たび》天台座主《ざす》を歴任した。その著に史書『愚管抄《ぐかんしょう》』がある。なお一般の流布軸では、下の雲間《うんかん》を貫いて桜が描かれ、左端には菖蒲が咲いている。ことさらに季節の異なるものを同図に収めてあるのは、これより年毎の暑さ寒さにもめげず、苦行が始まろうとしていることを具象し、上の雲間はその二十年間を包み蔵《かく》している。

# 第三図　吉水入室

（上巻第二段「吉水入室」）

**場面解説**

叡山二十年間の自力修行では、ついに後世《ごせ》の助かる道をも見いだし得ず、範宴《はんねん》（親鸞）二十九歳の春、吉水の禅房に源空上人をお尋ねなされた情景である。上人は、善人悪人の別なく一様に生死出離《しょうじしゅつり》の道をひたすらお説きなされたので、範宴はこの師のおゆきなさるところなら、誰が何と言おうと、たとえ悪道であっても、どこへなりとも随順しようと覚悟を決められた。もしもこの教えに遇《あ》えなかったなら、いつまでも世々《せせ》生々《しょうじょう》迷わねばならぬ自分であったと分かっておいでだからである。その後も人々が、上人の教えについて云々《うんぬん》した際は、いつもこのようにお述べなされたと、[四]恵信尼公の書簡は伝えている。

師の上人は、七高僧中の道綽禅師《どうしゃくぜんじ》とご自分の御名から、一字ずつ選んで「綽空《しゃくくう》」と房号をお授けくだされた。

なお池の内外に描かれた仲睦《むつ》まじい鴛鴦《おしどり》は、これより後の師弟

の間柄を、それとなく示唆《しさ》しているもののようである。

①吉水禅房の山門から白砂《しらす》を通って椽に近付きなさるのも、室内の白い法衣姿も範宴で、動的表現の画法。
②室内の黒衣姿は法然上人。六十九歳。
③聖人の輿《こし》。
④慈円僧正よりお見送りの使僧《しそう》権智房性範（得度式の剃髪僧）
⑤聖人の侍僧正全房[五]。松若麿時代の近習。範宴に従って下山。
⑥乗観房[六]。聖人に従い下山入室、西仏房となる。四十五歳。
⑦その他はお供の僧と喝食。
⑧椽に座すは善恵房証空か。（あるいは勢観房か）
⑨池の内外に鴛鴦。

**絵相余説**

聖人が生涯の師法然上人とお出会いなされ、念仏の一大僧伽《さんが》吉水教団へお入りなさろうとする記念すべき場面である。康永本『御伝鈔』は、この吉水入室の年次[七]を「建仁第三の暦《れき》」とするが、『教行信証』には「建仁辛酉《かのととり》の暦」と明記されてある。「辛酉」は元年（一二〇一）であって、そうでないと伝文の「聖人二十九歳」という割注《わりちゅう》にも合わなくなる。作者の誤記とすべきである。

# 第四図　六角告命

(上巻第三段「六角告命」)

**場面解説**　建仁三年四月五日夜寅《とら》の時、(夜明け四時すぎ)聖人の夢に救世《くせ》観音(聖徳太子の本地)のご示現[八]があった六角堂(頂法寺)である。

行者宿報《ニテ》設《ヒ》女犯《ストモ》　我成《リテ》二玉女《ノ》身《ト》一被《レン》レ犯《セ》
一生之間能《ク》荘厳《シ》　臨終《ニ》引導《シテ》生《ゼシメン》二極楽《ニ》一

このご示現の四句偈によって今までの仏教はその在り方を大きく変え、新しい在家宗教へと脱皮していくのである。

またさらに観音の告命《ごうみょう》に従い、椽《えん》先に立って、折から東方の岳山に集《つど》う大衆に、この偈文のこころを説き聞かしめられる聖人の姿も描かれている。

伝文は続いて、聖徳太子(観音)と法然上人(勢至)の恩徳広大なることについての宗祖のご述懐を記し、最後に太子崇仰《すうごう》の由縁にまで言及している。

恵信尼公書簡に、六角堂の参籠《さんろう》を終え、後世《ごせ》の助かる縁を求め、法然上人にお遇《あ》いなされたと明言してあるように、この六角堂の告命が、吉水入室の直接の動機で、いずれも同じ年のことで、聖人二十九歳の時であった。

①白衲《びゃくのう》の袈裟《けさ》を着け、白蓮華に端座し給う救世観音。
②右側の畳に座し合掌される聖人。
③左側に臥《ふ》すは通夜の人々。
④右端の椽に立ち、東方の岳山の群集に、観音の告命を説き宣べなさる聖人。
⑤聖人の宣説を聞く大衆。

**絵相余説**

伝文には第二段「吉水入室」と同様、建仁三年のこととなっているが、割注の「辛酉《かのとのとり》」のとおり、建仁元年（一二〇一）とすべきである。

この段は、古来「真宗興行の段」として、聖人が観音・勢至二菩薩の引導によって立教なされたことを叙述した章といわれてきた。それゆえ伝文はこの段に呼応して、下巻第二段「稲田興法」の章で、聖人のおことばとして、「救世菩薩の告命を受けし往《いにしえ》の夢、既《すで》に今と符号せり」と記している。

# 第五図　蓮　位　夢　想

（上巻第四段「蓮位夢想」）

**場面解説**　建長八年（一二五六）二月九日の夜明け方四時頃、常随の弟子蓮位房[一〇]が、京都五条西洞《にしのとう》院《いん》の庵室で、聖徳太子が聖人に向かって礼拝しておられる夢想を感得した。これはその夢の中の場面である。時に太子は「敬礼[二]大慈阿弥陀仏　為妙教流通来生者　五濁悪時悪世界中　決定即得無上覚也」と仰せられたのを、蓮位《れんに》は夢さめるや直ちに書きとどめた。

一面仏《ぶつ》の化身のようであり、また時には煩悩具足《ぼんのうぐそく》の凡僧のような聖人に対し、ともすれば弟子方の思《おも》惑《わく》もあったようで、昵近《じっきん》の蓮位にとっては、ことさらその感が強く、折しも上洛中の高田の顕智《けんち》房に、そのことを尋ねると、「今にわかるよ」とただ笑って

いたそうだが、それから間もなくこの夢想があった。だからこれは、最高の如来が最底の凡愚となりくださっている聖人の尊い人格をば、知得でき難かった蓮位にとって、まことにありがたい体得の夢告だったわけである。

　この章は『鈔』中最も短いが、上巻終段「入西鑑《にゅうさいかん》察《ざつ》」と同趣意で、その結文「弘通《ぐずう》したまう教行《きょうぎょう》、おそらくは弥陀の直説《じきせつ》といいつべし」に大きく係わっている。

①黒衣姿で立っておられる聖人。八十四歳。
②聖人に対し合掌礼拝の聖徳太子。
③臥《ふ》しているのは蓮位房。

**絵相余説**

　聖人晩年のこの段は、伝記の順序としては第四幅目にあるべきだが、前段の「六角告命」の夢想に重ね続けるため、康永本再治の際、年次を無視してここに叙《の》べられたのであろう。この話は『口伝《くでん》鈔』にも「蓮位房夢想の記」として語られている。なお、西本願寺本や高田専修寺本には、この段はない。

# 第六図 〈右〉選択付属 〈左〉真影銘文

（上巻第五段「選択付属」）

**場面解説**

**〈右〉** 一《ひと》月前、師の法然上人から御著『選択《せんじゃく》本願念仏集』の付属を受けられた宗祖が、書写を終えられた元久二年（一二〇五）四月十四日、吉水禅房で師の高覧にあずかり、写本に銘文をお書きいただいた図である。

付属とは、師の僧が弟子に奥義《おうぎ》を伝授し、後世《こうせい》に伝え残すよう託《たく》することである。これまでに書写を許された弟子は、弁長《べんちょう》・隆寛《りゅうかん》・証空・源智・長西《ちょうさい》の五人にすぎなかった。しかも写本に書題と題下の十四文字「南無阿弥陀仏往生之業《しごう》念仏為本《いほん》」とお書きくだされ、さらに「釈綽空《しゃくくう》」と宗祖の名字までご記入のうえ授与してくだされた。

①正面向き御書を手にされた法然上人。七十三歳。

②両手でお受けなさっている宗祖聖人。三十三歳。③室内の他の一人は念仏房。④椽側に正全房。

〈左〉また同年七月二十九日、かねて法然上人の真《しん》影《ねい》を申し預《あずか》り図画し終えて、その写しをお見せしたところ、上人は手ずから「南無阿弥陀仏」の六字名《みょう》号《ごう》と、[一二]『往生礼讃』のお詞《ことば》をお書きくだされ、さらに聖徳太子の夢のお告げによって、当時の綽空という名を改めて善信と名のろうとしたところ、その善信の名をもお書きくだされた感激の場面である。

①銘文《めいもん》をお書きの師上人。②左下座《しもざ》に宗祖聖人。

③椽の左に正全房。④椽の右に喝食。

**絵相余説**

浄土宗開祖法然房源空聖人は、長承二年（一一三三）美作《みまさか》（岡山県）に生まれ、幼名を勢至丸といった。早くより叡山に上り修行したが満足できず、黒谷に籠居《ろうきょ》し一切経を読むこと五度《たび》に及んだ。四十三歳、善導の『観経疏《かんぎょうしょ》』の一文《もん》に会い豁《かっ》然として他力念仏の至旨に徹《てつ》し、吉水に草庵を結んで専修念仏の一門をひらかれた。建久二年（一一九八）六十六歳、九条兼実《かねざね》の請《こ》いにより『選択集』を著述なされた。（なお十二図参照のこと）

# 第七図 〈右〉両座進言 〈左〉信行分判

（上巻第六段「信行両座」）

**場面解説** **〈右〉** 元久二年（一二〇五）九月二十日、宗祖三十三歳の時、かねてより気にかけていたことを確かめたいと、師上人に信行両座の進言をなさっているところ、吉水の禅房である。上人の門侶《りょ》三百余人、共に同室同学の誼《よし》みを結ぶ者同志であるから、浄土往生の道について、それぞれのご会得《えとく》を互いに知っておきたいものと申されたのを、上人は快《こころよ》くお許しくだされたのである。

①左に座し、ご進言の宗祖聖人。

②正面でお聞きになる法然上人。七十三歳。

③右三人は上座より聖信房[一三]・勢観房[一四]・念仏房[一五]。

**〈左〉** それで翌二十一日、聖人が、往生は信心で定まるのか、それとも行《ぎょう》かという信行両座を分け、お集ま

りの人々に対し、いずれの座なりとご随意にお着きなさるようご指示なされたが、誰も得心ゆきかねる様子であった。まず聖覚法印[一六]と信空上人[一七]が信不退の座に着かれた。折しも遅れて参った蓮生房[一八]が、執筆《しゅひつ》の宗祖にその訳柄《がら》を尋ねた。それがこの図である。蓮生房はためろうことなく信の座に座ったが、それでもまだ門弟方は座を決《き》めかねていたので、宗祖は自らの名を信不退に記帳なされ、続いて師上人も信の座に着かれたので、一同皆面目ない顔色を隠し得ない有様であった。

①右に居並ぶ三百余人の門弟。②椽に蓮生房。③執筆は宗祖聖人。④次聖覚法印。⑤次信空上人。⑥上座に法然上人。⑦松に藤の花。

**絵相余説**

その頃から同門内の論題になっていた一念多念の両義は、この信行不退とは全く同じとは言い得ないが、信不退と一念義、行不退と多念義とは一脈通ずるところがあり、進言にはこうした論難が背景にあったものと思われる。なお松に咲く藤の花により、異説では元久三年三月という。

# 第八図　信心諍論

（上巻第七段「信心諍論」）

**場面解説**

前段の信行両座の翌年、建永元年（一二〇六）八月十六日、宗祖三十四歳の時、吉水の禅房で、自分の信心も弥陀如来から賜《たまわ》った他力ゆえ、師の信心と同じであると申されたことから、聖信房・勢観房・念仏房といった高弟たちと、思わざる議論をなさったことがあり、これはその折の一場面である。師上人の知恵才覚や学問にも等しいと言うなら、それこそ分不相応であろうが、往生の信心においては、全く一味であると宗祖は主張なされた。すると聖信房以下の人々は、上人と同じとはもってのほかと咎《とが》め、他力の救済は仏力によるが、他力を信ずるのはこちら側で信力は各別、知恵の浅深によって異なると反論なさったのである。いわゆる信心一異の問題である。そこでこれに

対し師上人は、「信心がかわるのは自力の信だからで、他力の信心は如来から賜るのであるから、源空の信心も善信房（親鸞）の信心も同じで、信心がお互いに違っているようでは、私が参る浄土へはとても参りなさるまい」と仰せられて、きびしく誡《いさ》められたので、さしも激しい諍《じょう》論もようやく決着がついたのであった。

①奥の畳で正面向きの法然上人。七十四歳。
②柱にお顔がなかば覆《おお》われていなさるのが宗祖。
③下の畳の右上座に念仏房。
④右の奥の方に座す聖信房。
⑤同じく椽近くには勢観房。その他同門。
⑥椽に座すは僧官。
⑦庭の添絵に秋萩の花。

**絵相余説**

この話は生前宗祖が、唯円に語られたこととして『歎異抄』[一九]にも記されている。それに拠《よ》れば、結局論議の是非を上人の御前で判定していただこうということになった。してみると、この図は上人のお住居である中の坊へまで出向いていって、お尋ねしている場面であろう。

# 第九図　〈右〉入西鑑察　〈左〉定禅夢想

（上巻第八段「入西鑑察」）

**場面解説**

**〈右〉** 夢想は仁治三年（一二四二）九月二十日の夜だから、これはその翌日九月二十一日のことである。ここはその頃聖人がおられた京都五条西洞院《にしのとういん》の庵室である。既に七十歳の高齢に達しられた聖人の真影《しんねい》を、お元気な今のうちにぜひお写し申しておきたいものと思うていた入西房[二〇]であったが、このようなことは直接申しあげにくく躊躇《ちゅうちょ》していたのを、早くも察知なされた聖人が、その願いをお聞きとどけなされた場面である。

①室内の畳に座す聖人。七十歳。

②椽の右側に入西房。③左側は蓮位房。

④籬《まがき》に朝顔の花。

**〈左〉** 聖人の仰せに従い、七条の絵師定禅法橋[二一]を呼

ぶと、法橋《ほっきょう》は聖人を拝するなり、そのご容貌《ようぼう》が、昨夜の夢の中で描いた聖僧、[三]善光寺の本願の御房の尊容と全く同じであると驚き、随喜の涙を流しながら筆をとっている図である。それではその夢のとおりにまかせようと、ここでも聖人のお顔だけをお写し申しあげたのであった。最後に伝文は、つくづくこの定禅夢想の奇瑞を案ずるに、聖人こそ如来の来現というべく、それゆえ弘通《ぐずう》したまう教行はそのまま如来の直説《じきせつ》にちがいないと、次第に格調を高めつつ、上巻八段を結んでいる。

①正面奥に聖人。②右側に図画する定禅。③入西房。④柱の近くに蓮位房、次も弟子。

**絵相余説**

聖人はもはや七十歳、いつ浄土へお還《かえ》りになるやもしれぬ齢《よわい》の表象として、添絵に朝顔の花が描かれている。「善光寺の本願の御房」は僅か十文字足らずのことばであるが、そのもつ意味はずしりと重い。なお、高田専修寺本には、この段はない。

# 第十図　念仏停止

（下巻第一段「師弟配流」）

**場面解説**　承元元年（一二〇七）二月上旬、ついに念仏停止《ちょうじ》の院宣《いんぜん》が下った。この絵は洛中での取締りの一場景、[二三]五条内裏の門前である。延暦寺の吉水教団に対する抗議あるごとに、誓状を出された法然上人は、元久元年（一二〇四）十一月、あらためて[二四]「七箇条制誡」を書いて門下を誡《いまし》め署名させられたので、一時は収まるかにみえた弾圧は、翌元久二年十月、法然の説く教理には捨てておけぬ罪科があるとして、九箇条の失点を列挙した[二五]興福寺の奏状によって再燃しかけ、さらに法然門下の[二六]住蓮房・安楽房の別時念仏の集会で、[二七]後鳥羽上皇寵愛の[二八]女官二人を出家させたということで、上皇の逆鱗《げきりん》に触れ、しばらく不問に付されていた奏状がにわかにとりあげられ、念仏停止の院宣となった。時に宗祖三十五歳、法然上人は七

十五歳であった。この権力者の恣意《しい》によって、一方的になされた弾劾《だんがい》に対し、宗祖は『教行信証』後序で、「主上臣下、法に背《そむ》き義に違《い》し、忿《いかり》を成し怨《うらみ》を結ぶ」と、痛烈な憤《いきどお》りをこめて批判告発なさっているが、その姿勢は生涯崩されなかった。

①笏《しゃく》を持ち門に向かって歩く公卿は[二九]六角前中納言親経卿。
②門脇の番屋に座る僧は、寺社奉行[三〇]二位の尊長か。
③その横にいるのは[三一]検非違使周防《すおう》判官元国。
④左手を上げて追捕《ついぶ》する同役の伊賀判官末貞。
⑤まさに捕えられんとする住蓮房。⑥逃げるは同行。
⑦九卿僉議《きゅうけいせんぎ》による罪状決定の旨を言いわたす親経《ちかつね》卿。
⑧かしこまってそれを承《うけたまわ》る牢役人佐々木三郎。

### 絵相余説

この門前には、当然念仏停止の立札があったはずである。しかし覚如上人は、たとえ画中にもせよ、かかる不吉なものを描きおくは憚《はばか》り多いことであり、後の世にも禍根《かこん》を残すやもしれぬと、ことさらに略し省かれたという。なおこれは、次の九卿僉議に前後して描かれている。

# 第十一図　九卿僉議　（下巻第一段「師弟配流」）

**場面解説**　天下の訴訟を評定する京都御所の仁寿殿《じんじゅでん》である。ここに九卿《きゅうけい》（公卿《くげ》の唐名）が集まり、法然上人以下十二名の行状について僉議《せんぎ》が行われているところである。

次はその裁決による宣下状である。

[三二]太政官符　　土佐国司[三三]（高知県）

流人《るにん》　藤井元彦（法然上人の罪名）

使　左衛門府生[三四]清原武次　徒《かち》二人　門部二人　徒二人

右流人元彦を土佐国幡多《はた》明浄の岩屋にこれを遣《つかわ》す。国よろしく承知して例によりてこれをおこなへ。路次の国またよろしく食・済具・馬参疋《びき》をたまふべし。

[三五]符到奉行

建永二年二月二十八日　[三六]右大史　中原朝臣《あそん》　判

[三七]右少弁　藤原朝臣

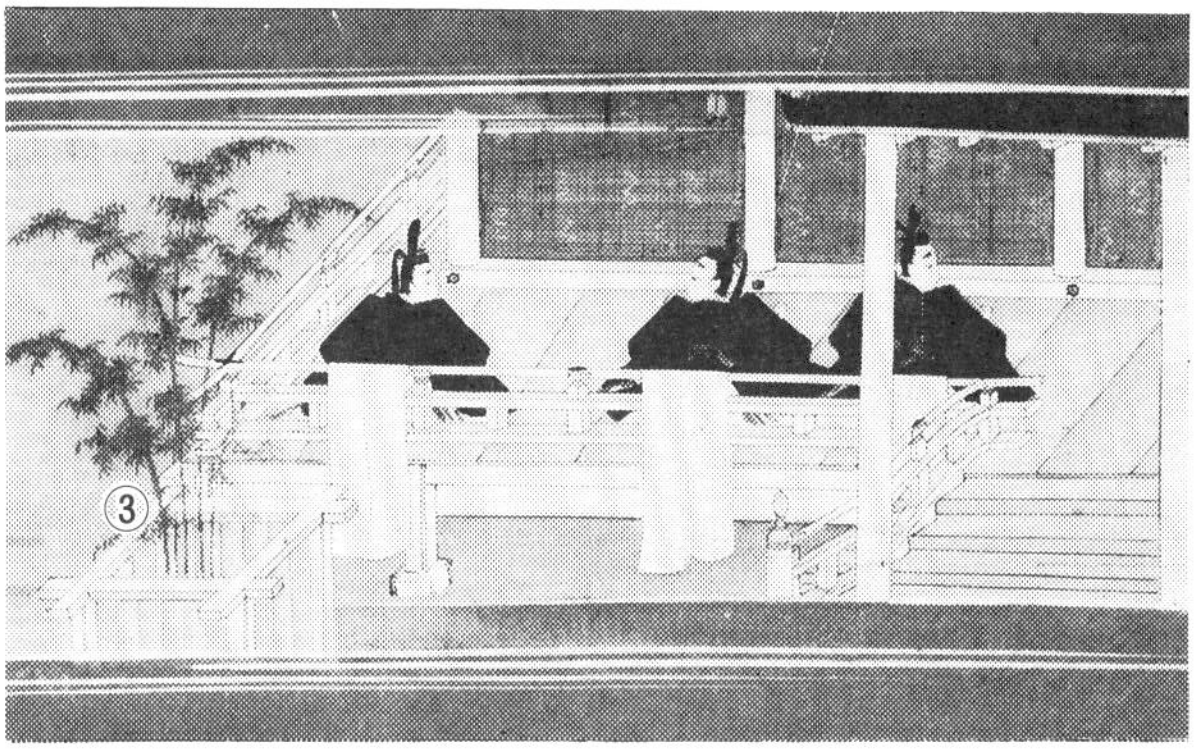


浄門房　備後国《びんごのくに》（広島県）澄西《ちょうさい》禅光房　伯耆国《ほうき》（鳥取県）
好覚房　伊豆国《いず》（静岡県）行空《ぎょうくう》法本房　佐渡国（新潟県）
幸西成覚房（慈円あずかり）阿波国《あわ》（徳島県）善信房（罪名藤井善信《よしざね》）越後国（新潟県）
善恵房（慈円あずかり）未　詳　已上師弟共流罪八人
西意善綽《ぜんしゃく》房　於摂津国（大阪府）性願房　於近江国馬渕（滋賀県）
住蓮房　於近江国馬渕　遵西《じゅんさい》安楽房　於六条河原（京都府）
已上弟子死罪四人
（歎異抄蓮如本奥書には二位法印尊長の沙汰なりとある）

①仁寿殿。②並《な》みいるは八座評衆の公卿。
③左に描くは「呉竹《くれたけ》の台」。
④右に橘。⑤御溝水《みかわみず》。

**絵相余説**

竹は姿しなやかで内透《す》き通り、しかも節《ふし》があり、四季色を変えないところから、古来君子の徳を有するものといわれてきた。『徒然草《つれづれぐさ》』に、仁寿殿のは河竹でなく呉竹とある。天下の政道の正しさを象徴して植えてあるゆえ、いま不当な評定への風刺として、この添絵の意義は深い。

# 第十二図　法然配流　（下巻第一段「師弟配流」）

**場面解説**　承元元年（一二〇七）二月二十八日、吉水禅房は綸旨《りんし》によって閉鎖されたので、[三八]法然上人は[三九]小松谷の御堂へ移られ、三月十六日そこをも出て、洛外の[四〇]法性寺に入られ、十八日早朝、いよいよ都をあとに、配所土佐の幡多《はた》へと向かわれた。この図は悲しくもあわただしいご出立の情景である。

[四一]九条兼実公をはじめ、[四二]大原談義の顕真僧正・醍醐の寛雅・仁和寺《にんなじ》の慶作阿闍梨《けいさあじゃり》等、多くの人々がお見送りに来られた。

これより先、高足の弟子信空が、門弟を代表して遷謫《せんたく》を免れる便法を提言した時、上人は「私は決して流刑を恨みに思うてはいない。どうせすぐみんなと別れねばならぬ老齢である。今まで都にばかりいたが、これからは辺鄙《へんぴ》な地方へ行って念仏を弘《ひろ》めるゆえむしろ朝恩というべきである」と仰せられた。また信濃《しなの》の御家人《ごけにん》成阿《じょうあ》は最後のご奉公を申し出て輿《こし》を

担いだ。輿は一見立派そうだったが、ただの張輿《はりごし》で、弟子方はそのみすぼらしさをかこつと上人は、「火の車の代りと思えばこんなありがたいことはない」と笑って申されたそうである。

①門内正面玄関から輿に向かって出かけなさる黒衣姿の法然上人。七十五歳。

②椽側で別れを歎き袖で顔を覆う僧。③輿の近くにも弟子。

④輿の横に立ち上人に挨拶申す成阿（力者法師五人）。

⑤輿の左に座っている見送りの俗人。

⑥門の外で、頭巾《ずきん》を冠《かむ》り左手で刀を握って立っている追捕《ついぶ》の検非違使《けびいし》宗《そうの》府生久経《ひさつね》。

⑦矢を負い弓を持つ[四三]領送使左衛門府生武次《たけつぐ》。うしろに控えているのは両人の供と馬。

**絵相余説**

絵図では、上人は黒衣墨袈裟《すみげさ》姿に描かれているが、実際には藤井元彦という咎人《とがにん》の名を左の袖に書き付けた水色の[四四]水干に、[四五]梨子打烏帽子といったいでたちであった。しかし、そのような俗体を画き残すのはおそれ多いと、覚如上人が特に僧形《そうぎょう》に改めるよう指示なされたという。

# 第十三図　親鸞配流

（下巻第一段「師弟配流」）

**場面解説**

東山南禅寺の北に九条家の別荘があった。宗祖の岡崎の庵室である。承元元年（一二〇七）三月十六日、配所越後へ向けて離京なさる情景である。宗祖の罪名は藤井善信《よしざね》、御年三十五歳であった。聖人はこの頃公然と妻帯[四六]なさっていて、それが流罪裁定の主な原因となったとみる説が多い。今、引き入れられた輿に、室内から乗駕《じょうが》なさる絵となっているが、恐らく御見送りの御内室もそこにおられることを考慮しての配図であろう。叡山の衆徒のことだから、もしや途中怨《あた》をなす者も、というので護送には多くの人々が付いたが、やがて付添はすべて帰され、領送使の他は、随行を許された西仏房と蓮位房の二人だけになり、いよいよきびしい配流の旅となった。侍僧正全房も御一緒したような伝えもあるが、これより後遅れて、あるいは御内室恵信尼公[四七]の下向《げこう》に随

伴したのではなかろうか。

なお罪科の御身でしかもその途中ではあるが、道々御巡《じゅん》錫《しゃく》の足跡を残されている聖人結縁の寺院がかなり多い。流刑の通法からして、かかる旧跡を否定する向きもあるが、当時の聖人配流の模様は、法然上人同様、さほど厳重なものでなく、折あらば処々御化導《けどう》もあったのであろう。

①門内で輿を室内に引き入れ宗祖内《うち》よりお召しになる。
②門下へ担ぎ出された輿と力者。③椽で見送る御弟子方。
④輿の傍の黒衣僧は西仏房。⑤笈《おい》を担ぐのは蓮位房。
⑥先の騎馬の武士は追捕検非違使宗《そうの》府生小槻行連《おつきゆきつら》。
⑦後の騎馬は領送使右衛門府生源秋兼《あきかね》。徒歩《かち》はその供人。
⑧弓を持つのは兼実公よりの付人朝倉主膳。

**絵相余説**

長い流謫《るたく》の北陸路も、最後の難所親不知《おやしらず》の天険も越えられ、木浦《このうら》から小舟に乗り、居多《こた》ケ浜へ上陸なされた。三月三十日ひとまず国府(直江津)の代官荻原敏景[四八]の館《やかた》に入られ、それより国分寺境内のささやかな竹内《たけのうち》草庵に住まわれたが、まもなく竹前《たけのはな》草庵へ移られ、苦しい流人[四九]生活が始まった。

# 第十四図　〈右〉越後巡錫

（下巻第一段「師弟配流」）

## 〈左〉稲田興法

（下巻第二段「稲田興法」）

**場面解説**　〈右〉越後に流されてより四年目、建暦元年（一二一一）十一月十七日、聖人には勅免の宣旨[五〇]があった。しかしそれより一ヶ年半越後における教化[五一]のため在国し、京都へは戻られなかった。この場面を上越から関東へ赴《おもむ》かれる道中とみる説もあるが、関東へは建保二年（一二一四）の二月頃出発なされ、殊に雪深い越後では、この絵のように、白砂青松の日本海岸で塩焼く季節には、まだ程遠い時分である。従ってこれは二月の風景ではなく、国府から北越あたりへの御巡錫《じゅんしゃく》の一風景であろう。

①日本海に面した越後の沿岸、まん中で正面にお向きが聖人。②先に立つは西仏房。③笈《おい》を背負うは蓮位房。

④塩焼く家。

※この「聖運寺幅」には描かれていないが、一般の「流布《るふ》

軸《じく》」では、ここに塩汲桶を担ぐ漁夫の姿が見える。

**〈左〉**　聖人、越後をあとに関東へ旅立[五二]たれ、常陸《ひたち》の稲田に草庵を結ばれた。これはそこでの御教化の一場景である。常陸(茨城県)・下総《しもうさ》(千葉県北部)・下野《しもつけ》(栃木県)の三国を主とし、御教化は関東全域から東北にまで及び、聖人の教えに浴した人々の数は『門侶交名牒』[五三]の法統系図から推測して、およそ数万人を超えていただろうといわれている。まさしく伝文のとおり、「貴賤ちまたに溢る」[五四]がごとき有様であっただろう。

①常陸国笠間郡稲田の草庵。
②右の奥に色衣を着けて座す聖人。③西仏房。④性信房[五五]。
⑤聞法に集《つど》う道俗男女。⑥山は筑波山脈。

**絵相余説**

もしこれが関東への道行光景とするならば、七年間もおられた越後の場面がなくなり、「絵伝」としても適切を欠くことになるであろう。他本ではここのところで、すべて国府の庵室の模様を描いているから、これはやはり越後での御巡錫《じゅんしゃく》の場面とみるべきであろう。

# 第十五図　〈右〉板敷摂化　〈左〉弁円済度

（下巻第三段「弁円済度」）

**場面解説**

〈右〉東国地方は古来修験《しゅげん》道が盛んで、加波山・吾国山・岩間山・筑波山等は、その霊地として有名であった。従って稲田に近い板敷山は、彼等の往還《おうかん》の山でもあった。ところが聖人常陸《ひたち》に来錫《らいしゃく》し、念仏の教えを弘めなさるにつれ、人々の多くは修験者達から離れていった。ここに行者の頭領弁円[五六]なる者がいて、聖人を怨敵《おんてき》とみなし、徒党と謀《はか》り、板敷山頂に呪《じゅ》詛《そ》の護摩壇《ごまだん》を設け、調伏《ちょうぶく》の修法《ずほう》を行っていたが、何ら効験なく、遂に聖人の殺害を企て、常々お通いなさる山路に待ち伏せしていた。しかし聖人の念仏の声はすれど、どうしてもお姿を捉《とら》え得なかった。

①板敷山で長刀《なぎなた》の鞘《さや》を払い、聖人を待ち伏せている二人の山伏は、天引辺《あまひきべ》の小川房と小山寺の吉祥房。

②左の方で手をかざしているのは首謀の弁円《べんねん》。

〈左〉 そこで瞋恚《しんに》の形相《ぎょうそう》も凄《すご》く、刀杖《とうじょう》を携《たずさ》え単身草庵へのりこんで来た弁円であったが、一目《ひとめ》聖人の温顔に接するや、さすがは観相に長《た》けただけあって、ただならぬ聖人の尊体を感得し、その場にひれ伏し、日頃の邪心を打ちあけて改悔した。聖人は室内に請《しょう》じ入れ、その回心《えしん》を喜び、法号を明法房《みょうほうぼう》証信とおつけなされた。弁円また嬉しさのあまり、「あだとなる弓矢も今はひきかへて西へいるさの山の端《は》の月」と詠《よ》んだ。

①稲田の草庵前の聖人。四十九歳。(年次不詳、一説承久三年)
②聖人と対面する弁円。三十八歳。
③室内に座す聖人。
④弓箭《きゅうせん》を折り刀杖を捨てて弟子となる弁円。
⑤椽に座すは西仏房と蓮位房。

**絵相余説**

これは単に修験道と念仏との相剋《そうこく》を物語る一挿話《そうわ》というにとどめないで、こうした場合、常に起こりがちな新旧の対立をば、代表して語っている作者の意図に着目すべきであろう。従って次の問題として、箱根・熊野の霊告による神祇観《じんぎかん》が、意識的に続いてくるのである。

# 第十六図 〈右〉箱根示現（下巻第四段「箱根示現」）
# 〈左〉洛陽訪問（下巻第五段「熊野示現」）

**場面解説**

〈右〉 文暦元年（一二三四）、聖人は二十年間住みなれた関東をあとに、[五七]御帰洛の途につかれた。途中天下の険箱根山を、秋の夜長をかけて越えられ、八月十七日暁更《ぎょうこう》、[五八]箱根権現にさしかかられた場景で、社廟の神官が、聖人に慇懃《いんぎん》に挨拶申しあげている図である。

神官は聖人を請《しょう》じ入れ、食膳を調《ととの》えさまざまな珍味を御馳走し、「社《やしろ》に仕える者のならわしで、夜通し神楽《かぐら》などをしていて、うとうとと眠りかけた時、夢に、今尊敬すべき客人がここを通られるから、おもてなしせよとの権《ごん》現《げん》のお告げがあった、と思う間《ま》もなく、お姿を現しなされた貴僧こそ、ただ人ではございますまい」と恭敬《くぎょう》尊重し、御給仕申しあげるのであった。

①先にお立ちなさるのが親鸞聖人《しんらんしょうにん》、六十二歳。

②笈《おい》を背負う随伴の蓮位房。③西念房。
④烏帽子《えぼし》をつけ出迎えの神官、上原靫負《ゆきえ》。

〈左〉　常陸の大部に平太郎[五九]という者がいた。その男が仕えていた地頭佐竹末方[六〇]に従って、熊野権現[六一]へ参詣することとなり、信仰と職務の矛盾に迷い、延応二年（一二四〇）二月、京都五条[六二]の聖人の庵《いおり》を訪れ、専修念仏者としての参拝の心得などにつきお尋ねし、聖人の御指示を受けている場面である。

①京都五条西洞院、聖人の庵室。
②室内には聖人、六十八歳。
③椽に座すは平太郎、四十四歳。
④椽の僧は蓮位房。

**絵相余説**　専修念仏が新たに大衆に受けいれられてゆくうえに、当然起こってくる問題は旧仏教との対立相剋《そうこく》であった。それにもうひとつの類題として神祇《じんぎ》との関係がある。既成仏教は早くから神仏習合・本地垂迹《ほんじすいじゃく》の道を辿ってきたが、いまそれを具体的にとりあげているのが、この両段である。

# 第十七図　熊野参詣

（下巻第五段「熊野示現」）

**場面解説**　聖人はまず往生極楽の要《かなめ》である[六三]一向専念の義を、詳しくお説きなされ、さらに如来が熊野に垂迹《すいじゃく》をとどめなさる御本意は、要するに結縁《けちえん》の衆生を、他力本願海にひき入れんがために他ならないと述べられ、領主に仕え霊地へ随行し、社廟に参詣するのは、自分の発願によるものではなく、いわば[六四]代参なのだから、権現に対しては、内心虚仮《こけ》のこの身を、やたらに飾り立てたりなどせずに、ただ本地弥陀《みだ》の誓願におまかせ申しても、神明を軽んずるわけではないから、神罰を蒙《こうむ》るようなことは決してないと丁寧に御教示なされた。平太郎は教えに従って、別に精進潔斎《しょうじんけっさい》などの作法もせず、その身そのままで熊野に参着した。

下の社内はその日の通夜の様子を描き、上は証誠殿《しょうじょうでん》

で、平太郎の夢の場面である。「何で不浄のまま参ったのか」と衣冠《いかん》正しい俗人の[六五]お咎めを受けた。すると忽《こつ》然《ぜん》聖人が姿を現され、「この者は共に念仏を申す者」と仰せられると、笏《しゃく》を正しそれ以上何も言われなかった。平太郎は奇異の感に堪えず、帰国途次、再び聖人をお訪ねし、その旨を御報告申しあげるのであった。

①熊野権現の社殿。
②殿内で右に仮寝するのが平太郎。
③中央の人物が佐竹末方。④女装はその奥方。
⑤右の山伏は先達の久留本房。その他佐竹家の家臣。
⑥上の社殿は証誠殿。⑦殿内の右は聖人。
⑧左は衣冠正しき俗人。

**絵相余説**

赤松俊秀博士は、ここのところの伝文は長文にすぎ、事実聖人がこのように語られたとは考えられないと言い、平松令三氏は、これは若かりし作者自身の神祇《じんぎ》観であろうが、論文口調の滔《とう》々たる点、絵巻の詞書《ことばがき》に、このような高度な思想内容をもったものは他にないと述べている。

# 第十八図 〈右〉病床説法 〈中〉洛陽遷化 〈左〉入滅葬送

（下巻第六段「洛陽遷化」）

**場面解説**

〈右〉弘長二年（一二六二）十一月二十日頃から、聖人は尋有僧都の善法院[六六]で御病床におつきなされた。いまはその御見舞の方々に対し、起き直って、いつものように仏恩《ぶっとん》のありがたさをお話なさっている場面である。聖人御病臥《びょうが》と聞いて、関東高田から馳《は》せ参じた顕智房[六七]が、東国におられる御子息善鸞御房[六八]へも御上洛なさるよう、申しくだされたいと言《ごん》上《じょう》したが、聖人はどうしてもお許しなさらなかったという。火鉢を間に聖人に対座するのは、その顕智房ではなかろうか。

①右下の座敷で、火鉢を前に正面向きの聖人。

②室内の僧は顕智・益方有房入道[六九]・蓮位房等。

〈中〉同月二十八日正午[七〇]、聖人は遂に念仏の息を、

静かにお閉じになった。満九十歳であった。御臨末や葬儀に仕えた人々は、[七一]覚信尼・[七二]覚恵法師・光玉・尋有《じんう》僧都《そうず》・[七三]兼有律師・[七四]即生房・益方入道・蓮位・[七五]尊蓮・[七六]道珍・その他、[七七]順信・性信・顕智・[七八]専信等で、専信は御頭《みぐし》をお剃《そ》りしたといわれているから、画中枕元に侍《はべ》るのは専信であろう。

①頭北面西右脇《ずほくめんさいうきょう》に臥し、御往生なされた聖人。
②お枕元には専信房。③左椽側の女性は覚信尼か。

〈**左**〉　同月二十九日、鳥辺野の延仁寺荼毗《だび》所へ向かう葬送の場面である。夜陰のこととて松明《たいまつ》をかざす。

①御遺骸を納めた柩《ひつぎ》を弔い送る門弟同行。
②松明を持つ先達僧。③薪《たきぎ》を担ぐ火葬人。

**絵相余説**

平生業成《へいぜいごうじょう》を勧められた聖人にふさわしく、往生は全くの無瑞《ずい》相であった。覚如上人と同時代の兼好が、『徒然草』で、「人の終焉《しゅうえん》のいみじかったことを聞くに、ただ静かに乱れずと言えばかえって奥ゆかしいものを」と述べ、信念さえあれば、臨終の批評など、問題外だと記している。

# 第十九図　葬送茶毘

（下巻第六段「洛陽遷化」）

**場面解説**

弘長二年（一二六二）十一月二十九日、聖人の柩《ひつぎ》をお載《の》せした輿《こし》は、善法院から京極に出て南に下り、五条の橋を渡り、賀茂川の東の堤《つつみ》を経て、東山の麓、鳥辺野の南のほとりの延仁寺へお運びした。ここはその茶毘《だび》所の場景である。

葬送の人々の多くは、聖人から尊いみ教えを授かった遺弟《ゆいてい》達である。衣の袖を顔に当てて涙を拭い、恋慕涕泣《れんぼていきゅう》して御在世のお姿を偲びつつ、今生の別れを惜しむ念仏の声は、火葬の煙に咽《むせ》ぶがごとく、鳥辺野の夜空にこだましたことであろう。

御拾骨は、茶毘の煙もすっかり消えた翌三十日であった。お墓は、同じ東山の麓、鳥辺野の北のほとり、大谷の地に定められた。

師法然上人の吉水禅房や、流罪勅免後の晩年を過ごされた大谷庵室のあったところである。嘉禄三年（一二二七）山徒によって、大谷の法然墳墓《ふんぼ》が破却され、嵯峨に難を避けて遷骨《せんこつ》以来、三十五年を経た今、この因縁の地に、宗祖の御遺骨をお納めしたのである。

①聖人の柩をお運びした上輿《あげこし》。

②荼毘所でお見送りする葬送の人々。

③上部右に見える赤装束に白頭巾をかぶって鉾《ほこ》棒を持つ人々は、お先払役の犬神人《いぬじにん》（宝来）である。

④葬火の近くで青竹を持っているのは、火葬人。

⑤山は東山、阿弥陀が峰（鳥辺山）である。

**絵相余説**

「某《それがし》親鸞閉眼《へいがん》せば、賀茂河にいれて魚《うお》にあたうべし」（改邪鈔《がいじゃしょう》）との聖人の仰せを、かつて聞いた門弟もここにいるにちがいない。はなはだ粗末なこの火葬風景から、「仏法の信心を本《ほん》とし、喪葬《そうそう》を一大事とすべきでない」との『改邪鈔』の作者の意趣も、それとなく伝わってきそうな描写である。

# 第二十図　本廟創立

（下巻第七段「本廟創立」）

**場面解説**

聖人の滅後十年を経た文永九年（一二七二）の冬、大谷の墳墓《ふんぼ》を改め、吉水の北辺に遷骨《せんこつ》し、[七九]影像を安置した廟堂《びょうどう》の様子である。

「不愍《ふびん》なものとあわれにお思いになってください」と、[八〇]今御前の母の扶持を懇願なされた聖人の御心に副《そ》うて、東国の門弟達は、幼な子を抱えひとり父聖人の墓を護《まも》りつづけてこられた覚信尼公に対し、この血族者を扶助《ふじょ》することが、何より恩師への報恩の道に通ずるものであり、さらに信仰護持にもつながるものと考え、高田の顕智らを中心に、廟堂建立の運びとなったのは、当然のなりゆきであったろう。それに応《こた》えて覚信尼公も、五年後の建治三年（一二七七）、聖人の墓を末代まで全《まっと》うせんがため、自分の所有地を公《おおやけ》のものとして、

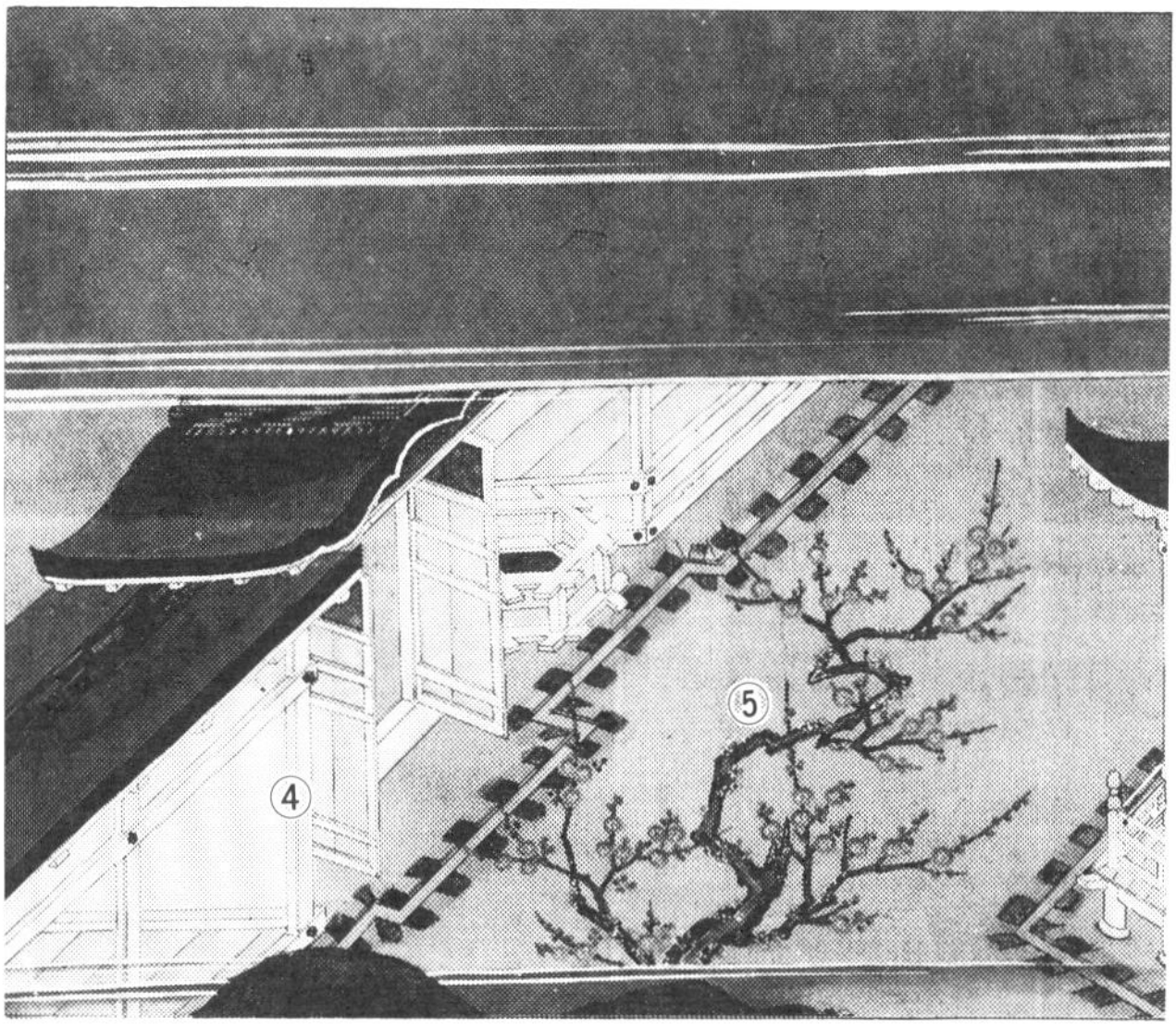


この信頼すべき東国の門侶達に寄進なされ、自ら廟堂維持役として、初代の留守職[八一]に就任なされた。

本願寺の基礎は、こうして徐々に固められていった。そして聖人の撰《えら》び遺《のこ》しおかれた御述作[八二]が、年を経るごと、その偉大な宗教体系を拡大してきたように、このささやかな廟堂は、幾多の変遷《へんせん》の歴史の中で、遂に今仰ぎ見るがごとき大殿堂[八三]へと興隆発展しつづけてきたのである。

①廟堂と聖人の御影像。
②本廟前にわずかに見える拝殿の屋根。
③右の建物は南殿。④左の建物は北殿。
⑤左に紅梅。⑥右に白梅。※「流布軸」では、左に白梅、右に紅梅。
⑦箒《ほうき》を持ち庭上を掃《は》く人物ひとり。

**絵相余説**

庭上箒を手にする人物は、関東の門弟から、二代目留守職《るすしき》を託されている覚恵法師であるといわれている。専修寺本では、箒の他に、廟堂の大きな鍵を持っている。一説に、この伝絵を描き終えた浄賀法眼[八四]であるとか、あるいは覚如上人[八五]御自身のお姿であるともいう。

# 補注

凡例

一　絵図は二十図に分割し、各絵図ごとに「場面解説」並びに「絵相余説」を加えたが、特に説明を要する箇所等には一、二、三と漢数字で番号を付して補注とした。

## 一、日野範綱

親鸞《しんらん》聖人（幼名・松若麿）の父君有範《ありのり》卿の兄である。安元三年（一一七七）後白河法皇の近臣藤原成親《なりちか》・僧西光《さいこう》らが企《くわだ》てた反平氏の陰謀が露顕し、関係者がすべて死罪流罪にされた時（鹿谷《ししがだに》の変）、範綱《のりつな》卿も法皇に重く用いられているというので、ひどい拷問《ごうもん》をうけた。『平家物語』は播磨《はりま》に流されたと記している。松若麿五歳のことであった。なお文治元年（一一八五）、源頼朝《よりとも》と義経《よしつね》の兄弟争いで、義経が要望した頼朝追討の宣旨《せんじ》が発令され、その発令に参画したというかどで、卿は頼朝の要請で免官となった。これはすぐ復官したようであるが、範宴《はんねん》十三歳の頃であった。その後建久三年（一一九二）、法皇の崩御と同時に出家している。

　このようなことから、有範卿も何らかの理由で、世を遁《のが》れざるを得なかったものと思われる。

　松若麿得度の頃は、源平が盛衰をかけた戦乱の世に入ろうとする末法五濁の、天災人災が重なり続いた暗い世相であり、それらによる家庭の崩壊が、ご出家の大きな動機だったのであろう。〔第一・二図〕

## 二、喝食

「喝《かつ》」は唱《とな》えることで、寺院にあって大衆に食事などを知らせたり、給仕役をつとめる有髪

の小童である。「かっしき」「かつじき」とも読み、正式には喝食行者という。〈第二・三・六図〉

**三、堂僧**　恵信尼《えしんに》書簡に親鸞《しんらん》が「比叡《ひえ》の山《やま》に堂僧《どうそう》つとめておわしましける」とある。堂僧とは常行三《じょうぎょうざん》昧堂《まいどう》の不断念仏僧で、常行堂とは天台の四種三昧の一である常行三昧を修する堂で、常行三昧は山の念仏といわれ、三塔（東塔・西塔・横川）において、それぞれ修されていた。堂僧の地位はそれほど高くはない。なお源信僧都《そうず》は横川で『往生要集』を著わして念仏をすすめたので、横川の僧都ともいう。伝文にも「楞《りょう》厳《ごん》横河《よかわ》の余流をたたえて」とあるのは、「叡山横川の楞厳院の源信僧都の残された法流を汲み修めて」の意である。〈第二図〉

**四、恵信尼公の書簡**　恵信尼文書《えしんにもんじょ》。宗祖（親鸞聖人）の内室恵信尼公が、越後から京都の末娘覚信尼《かくしんに》公に宛てられた書簡で、建長八年（一二五六）から文永五年（一二六八）まで、すべて十一通ある。

その第三通である。

「昨年《こぞ》の十二月一日の御文《ふみ》、同二十日あまりに、たしかに見候いぬ。何よりも、殿の御往生、中々、はじめて申すにおよばず候う。山を出《い》でて、六角堂に百日こもらせ給いて、後世《ごせ》を祈らせ給いけるに、九十五日のあか月、聖徳太子の文《もん》をむすびて、示現《じげん》にあずからせ給いて候いければ、やがてそのあか月、出でさせ給いて、後世の助からんずる縁にあいまいらせんと、たずねまいらせて、法然《ほうねん》上人にあいまいらせて、又、六角堂に百日こもらせ給いて候いけるように、又、百か日、降るにも照るにも、いかなる大事にも、参りてありしに、ただ、後世の事は、善《よ》き人にも悪《あ》しきにも、同じように、生死《しょうじ》出ずべきみちをば、ただ一筋に仰せられ候いしをうけ給わりさだめて候いしかば、上人のわたらせ給わんところには、人はいかにも申せ、たとい悪道にわたらせ給うべしと申すとも、世々生々《せせしょうじょう》にも迷いければこそありけめ、とまで思いまいらする身なればと、ようようにし人の申し候いし時も仰せ候いしなり。………」(『恵信尼消息』)

〈第三・四図〉

## 五、正全房

聖人の幼時、松若麿時代の近習《きんじゅう》で侍従之介《じじゅうのすけ》といった。(第一図、門内上方で語り合っている近習のうちの一人) 聖人の出家の後、まもなく出家し、叡山でも吉水でも侍僧として仕え、聖人御結婚後は家庭の一員として御給仕したようである。画筆をよくしたので「真像銘文」(第六図) の場面に伺候している。聖人の画筆の御手伝いをしたのであろう。

〈第三・六図〉

## 六、乗観房(西仏房)

信濃守海野幸親《ゆきちか》の子で、勧学院の文章博士となり、進士蔵人通広と称した。源三位頼政挙兵の以仁王《もちひと》の令旨が興福寺に届き、折から儒学を講じていた通広は、その返書に「清盛は平家の糟《そう》糠《こう》、武家の塵芥《じんかい》なり」と書き、それが清盛の知るところとなり、追捕の身を、興福寺の学侶となってそのまま出家、信救と号した。さらに逃れて北国へ走り、木曽義仲に投じて大夫房覚明《かくみょう》と称した。義仲を援け、山門への牒状を書いた。(平家物語) 義仲敗死後、叡山に上り慈円僧正の門に入り乗観房《じょうかんぼう》と名のった。時に宗祖範宴《はんねん》も同門にあって、十六歳も年上の乗観の注目するところとなり、やがて宗祖に随って法然の吉水に入室し、西仏房《さいぶつぼう》と名を改めた。その後聖人の弟子として、配所へも随行し、さらに関東にても常随したが、天福元年(一二三三)西仏七十七歳の頃、師命により故郷信濃へ帰り、海野庄白鳥に報恩寺を建て、後、康楽寺と改めた。仁治二年(一二四一)正月二十九日、八十五歳で没した。西仏房には、聖人の行実を見聞したまま筆録した『日並《なみ》の記』なるものがあって、これが覚如上人の『伝絵《でんね》』のよき資料になったという。この孫浄賀法眼《じょうがほうげん》が『伝絵』を描き、またその子円寂《えんじゃく》と門人宗舜《そうしゅん》も、康永本《こうえいぼん》の絵を画いている。

〈第三・十三・十四・十五図〉

## 七、吉水入室の年次

東本願寺康永本は、「建仁三年」とするが、「聖人二十九歳」の割注《わりちゅう》に合わない。西本願寺本には「建仁第一の暦」とあり、『教行信証』にも「建仁辛《かのと》の酉《とり》の暦《れき》、雑行《ぞうぎょう》を棄《す》てて本願に帰す」とあるから、元年（一二〇一）が正しいと考えられる。

これについて、赤松俊秀博士は、覚如上人の改訂ダブルミス説をたて、詳しく考証している。それは徳治二年（一三〇七）御父覚恵法師入寂の年、覚如上人（三十八歳）が初めて恵信尼消息を披見なされ、六角堂の夢告が吉水入門の直接の動機であることを知られ、この両者を同年にしようとなされ、慌《あわ》てて初稿を訂正、大きなミスを冒《おか》してしまわれたというのである。博士の説を表示すれば、次のようになる。

| 諸本 | 六角夢想 | 吉水入門 | |
| --- | --- | --- | --- |
| 西本願寺本（初稿に近い） | 建仁三年 癸亥 四月五日 | 建仁 第一ノ暦 春ノコロ 聖人廿九歳 | 異年 |
| 訂正された諸本 | 建仁三年 辛酉 四月五日 | 建仁 第三ノ暦 春ノコロ 聖人廿九歳 | 同年に訂正 |
| 教行信証 | | 建仁 辛酉ノ暦 | |
| 恵信尼消息 | 同年 | | |

覚如上人が夢告についての誤伝であった建仁三年四月五日説をそのまま生かし、初稿の吉水入室もそれに合わせて、同年の建仁三年に改め、さらに『教行信証』の「辛の酉の暦」が建仁三年だと思い違いなされ、初稿の六角夢想の「癸亥《みずのとい》」をも、辛酉に書き直されたというのが博士の考証の概略である。そして何よりも第二段と第三段とを入れ替え、また『行者宿報の偈』をば、聖人がやがて東国で御伝道なさる予告であるとされていた従来の言い伝えをも訂正すべきであったにもかかわらず、本文を大幅に改訂する労に堪《た》えかねて

か、一時的な手直しをなされたから、こうした二重のミスを冒されてしまったのだと赤松博士は述べている。
〔第三図〕

## 八、ご示現

ご示現《じげん》の文については、聖徳太子の『廟窟偈《びょうくつげ》』説と『女犯の（四句）偈』説がある。

赤松俊秀博士は、覚如上人の吉水入室年度の誤訂の原因は、上人が披見なされた書状の示現の文が『女犯の偈』であったからだとし、もし『廟窟偈』であったならば、訂正なさる必要はなかったにちがいないと考察している。
〔第四図〕

## 九、建仁元年

『恵信尼書簡』第三通に拠れば、この夢告に続いて吉水へ入室されたのであるから、建仁元年説が正しい。これについて古田武彦氏は、覚如上人の年代算定の物差しには、二年のずれがあったらしいと、単純ミス説をたてている。

なお夢想の場処について、古来諸説がある。

○夢想三年説では
- 岡崎の庵室にて。
- 吉水において。
- 御礼参籠の六角堂にて。

『定本親鸞聖人全集』解説は、六角堂でないとする。『高田専修寺本』には、「聖人夢の中に六角堂をみたまふ也」とある。『真宗年表』（大谷大学編）では、建仁元年（辛酉）の欄に「この年春、親鸞、延暦寺を出て、六角堂に百日を期して参籠、九十五日に聖徳太子の夢告を得て、吉水源空の門に入る」とあり、さらに、建仁三年（癸亥）の欄に「親鸞、夢中に六角堂救世菩薩より『行者宿報の偈』を感得」とある。

○夢想元年説では――六角堂にて。〔第四図〕

**一〇、蓮位房法阿**　もと下間宗重《しもつまむねしげ》といい、源三位頼政《げんざんみよりまさ》の曽孫である。同族頼茂《よりもち》の幕府謀反《むほん》のかどにより、蓮位《れんに》も捕えられたが、危いところを故あって死刑を免れた。それより親鸞聖人に仕え、ご生涯を通じて常随の弟子となった。

聖人滅後もなお本廟に奉仕した。後、関東下間へ帰国し、弘安元年（一二七六）七月二十三日に没した。子孫は代々本願寺の坊官として、派内の機務を司り明治初年に及んだ。いわゆる下間家である。〔第五・十・十三・十四・十五・十六・十八図〕

**一一、敬礼セル大慈阿弥陀仏ノ　為メニ㆓妙教流通ノ㆒来生セル者ハ　五濁悪時悪世界ノ中ニ　決定シテ即チ得シメント㆓無上覚ヲ㆒也**

敬礼《きょうらい》申しあげる大慈大悲の阿弥陀如来が、本願念仏の妙理をこの世に流通《るずう》せんがために、親鸞聖人となって来生しなされたのは、この五濁悪時の悪世界にあって、衆生をして決定なさしめ、この上もないさとりを得しめくださろうとしてである。〔第五図〕

**一二、『往生礼讃』**　唐の善導大師の著で「六時礼讃《らいさん》」ともいう。六時とは日没・初夜・中夜・後夜・晨朝《じんじょう》・日中のことで、それぞれこの六時に讃文を唱《とな》えて礼拝する行儀を述べてある。法然の門弟、住蓮と安楽（死罪）が鹿谷《ししがだに》で別時念仏会に、この六時礼讃を修したことが、承元の念仏弾圧の一契機となったという。

法然上人が書かれたのは伝文にあるように、次の御文《ごもん》である。

若シ我成仏セバ十方衆生ノ　称ゼンニ㆓我ガ名号ヲ㆒下至ルマデ㆓十声ニ㆒
若シ不ンバ㆑生ゼ者不㆑取ラ㆓正覚ヲ㆒　彼ノ仏今現在ニシテ成仏シタマヘリ

当レ知ニル本誓重願不レ虚《むなシカラ》　衆生称念スレバ必得ズトニ往生一ヲ

もし我仏とならん時、十方の衆生が、わが名号《みょうごう》を十声もしくは一声にても称《とな》えるならば、浄土へ往生するであろう。もし往生しないようなら、我は仏とはならない。このようにお誓いになった仏阿弥陀は、今現に極楽で仏になっておいでる。だからこの本誓と重願によって決定《けつじょう》することは必定《ひつじょう》で、その偽りでないことを信じ、衆生が念仏するなら、きっと往生することができると知るべきである。

この文中「彼仏今現在成仏」は七字であって、一般の流布本《るふ》では「彼仏今現在世成仏」と八字である。このように法然・親鸞が、「世」の字を略して引用しておられることについて、覚如は『口伝鈔』の「十八の願につきたる御釈の事」（聖典・六六一頁）でご自分の領解《りょうげ》を述べておられる。〔第六図〕

**一三、聖信房湛空**　初め天台宗を修《おさ》め、学行共に優《すぐ》れていたが、一旦法然《ほうねん》上人の門に入るや、念仏を事とし、上人の配所へも随侍した。嘉禄《かろく》の弾圧より一《ひと》月前、延暦寺衆徒によって、大谷の法然墓堂が破却され、難を逃れた御遺骸は、嵯峨《さが》・太秦《うずまさ》・西山《にしやま》へと遷《うつ》されたが、最後に湛空《たんくう》が自分の嵯峨二尊院に護持してから、二尊院が念仏の中心道場となった。嵯峨門徒の祖である。〔第七・八図〕

**一四、勢観房源智**　父平通盛《みちもり》が源平の戦で戦死後誕生した。幼少より吉水御房の稚児《ちご》として育った。以来常随の弟子として仕え、法然上人の御臨末に際し、願うて『一枚起請文《きしょうもん》』を授かった。百万遍智恩寺の開基で、紫野門徒の祖である。〔第七・八図〕

**一五、念仏房念阿**　もと叡山の学僧であったが、法然上人によって浄土門に帰入し、嵯峨《さが》に清涼寺を建立した。上人の滅後、往生に疑念を生じたが、上人空中に現じ、善導の『往生礼讃《らいさん》』を説くを聞き、たちまち

往生を決定《けつじょう》したという。〔第七・八図〕

**一六、聖覚法印**　聖覚《せいかく》は初め叡山で修行し、縁あって法然の吉水教団に入門したが、むしろ道友関係であったらしい。論説智弁に勝《すぐ》れ、定家は「濁世《じょくせ》の富楼那《ふるな》」と評している。名著『唯信鈔』は宗祖も愛読なされ、『唯信鈔文意』を祖述なされた。

『親鸞聖人正明伝』や『正統伝』は、親鸞聖人の吉水入室は、この聖覚が先導したと伝えている。〔第七図〕

**一七、法蓮房信空**　法然門下第一の弟子で、『七箇条制誡』にも最初に署名している。歌道にも優れていた。法然没後も専修念仏者の長老として重きをなした。〔第七図〕

**一八、法力房蓮生**　俗名は熊谷《くまがい》次郎直実《なおざね》といい、武蔵《むさし》源氏の武士として、源平の戦でその勇名をとどろかした。法然門下にはこうした東国の武家人《ぶけにん》が多くいた。『平家物語』は、一の谷の戦でのかの有名な平敦盛《あつもり》との悲劇的邂逅《かいこう》が出家の動機と伝えている。その入信に際して、「手足をも切り命を捨ててこそ往生は助かると思うたに、上人がただ念仏さえ称《とな》えればとやすやす申されたので、涙が出てとまりませぬ」とおいおい泣いたそうである。〔第七図〕

**一九、『歎異抄』**　親鸞聖人の直弟《じきてい》、常陸《ひたち》河和田（水戸）の唯円《ゆいえん》の著である。十八条から成り、前半は作者が聖人から聞いた法語、後半は異義に対し、正しい信心のあり方を述べ、唯円の信境がすぐれた文章で明快に綴《つづ》られている。

この『歎異抄《たんにしょう》』や『伝絵《でんね》』よりおくれて成立した伝記絵巻『法然上人行状絵図《ぎょうじょうえず》』に、阿波介《あわのすけ》という者が、この段の宗祖と同じような発言をして、法然上人を感動させた話が伝えられている。同一教団内に、こうした似たような事実がいくらでもあっただろうが、それにしても、一方は学識深い親鸞、一方はただの在家人である点、法然の『一枚起請文《きしょうもん》』の次のことばが思い合わされて、ことさら感銘を深くすると共に、この臨末の『請文』が、いまの諍論《じょうろん》の相手の一人である勢観房に授けられたということも、故なしとは言えないだろうと考えられる。

「…たとい一代の法を能《よ》く能《よ》く学《がく》すとも、一文不知《いちもんふち》の愚鈍《ぐどん》の身になして、尼入道《あまにゅうどう》の無智《むち》のともがらに同《おなじ》して、智者のふるまいをせずして、ただ一向に念仏すべし」（『一枚起請文』）〔第八図〕

## 二〇、入西房唯円

関東奥郡久慈の大門《おおかど》の人で、聖人御帰洛後常随した昵近《じっきん》の弟子である。道円の弟ともいわれているが、この御寿像のことがあってから三年後、寛元三年（一二四五）道円が没したので、聖人の御命により枕石寺へ帰って相続住持したという。その折この御影を持ち帰っている。

横曽根の性信《しょうしん》房が鎌倉の念仏訴訟の申し開きを終え、郷里に帰ったことをお喜びなさっている『御消息集広本』十三通目、性信宛のお手紙に、「入西《にゅうさい》御房にも同じようによろしく伝えてほしい」とある。〔第九図〕

## 二一、定禅法橋

宗祖が、既に七条にいることまでご存知だったのだから、相当名のある画工だったのであろう。法橋《ほっきょう》とは、中世以後僧侶に準じ、医師・絵師・連歌師などに与えられた称号である。

ここで描かれたのはお顔だけだったので、「御首《みぐし》の御影」と呼ばれた。

なお西本願寺には「鏡御影」という宗祖の御真影《ごしんねい》がある。これは似絵《にせえ》の大家藤原信実《のぶざね》の子専阿の筆になるものである。かの大谷横領事件の唯善は、自分が敗訴と知るやいち早く鎌倉へ失踪《しっそう》し、その時壊された聖人の木像内から発見された御影という。覚如上人はこれを携《たずさ》えて越前へ下向なさっているが、その折御影に記された識語に拠《よ》れば、専阿は泣きながら聖人を図画したという。いま定禅も同じように涙に咽《むせ》びつつ筆を執《と》っているし、それに、明らかに別筆である御首《みぐし》と御体の画法から推しても、この定禅と専阿とに何らかの繋がりがあるのではないかと考えられてくる。〔第九図〕

**二二、善光寺の本願の御房**　善光寺如来の信仰は、鎌倉時代に入るとますます盛んになり、聖人にも「善光寺和讃」がある。また下野《しもつけ》高田門徒は、一光三尊を安置する如来堂を拠点としていた。さらにこの如来の縁起は、聖徳太子との関係が濃く、伝絵述作の頃は、真宗内でもかなり語り継がれていたものと思われる。この八段はこうしたことからも深い意義をもち、上巻の結びとしての位置づけは重い。

康永本や西本願寺本の定禅夢想の増段は、上下巻の長短の不均衡をなくし、さらに巻末としての重々しさを加え、独立性をもたせるためと考えられている。また巻末ゆえ、七十歳の記事であっても、あえて編年体を乱すような唐突な感じを与えないといった理由もあるだろう。〔第九図〕

**二三、五条内裏**　治承二年（一一七八）内裏《だいり》が火災にあい、この時は普請《ふしん》中だったので、邦綱卿の五条の別荘が仮内裏に当てられていた。しかし描くところは禁裏陽明門の様相である。〔第十図〕

**二四、七箇条制誡**　「七箇条起請文《きしょうもん》」ともいう。専修念仏者として厳守すべき七箇条の心得で、一、真言・天台を破し、弥陀以外の仏・菩薩を謗《そし》ること。二、有智の人・別行《べつぎょう》の輩と諍論すること。三、別解《べつげ》別行の人をしてその本業を棄てしめること。四、婬酒食肉を勧め持律持戒の人を雑行人《ぞうぎょうにん》と見下すこと。五、恣《ほしいまま》に私義を述べ妄《みだり》に諍論を企てること。六、唱導を好み無智の道俗を教化すること。七、邪法を正法となし偽りて師範の説と号すること。以上七箇条の停止《ちょうじ》を求めたもので、門弟百九十名が署名している。宗祖(三十二歳)は八十六人目に、「僧綽空《しゃくくう》」と署名しておられる。これは天台座主真性《しんしょう》に呈し、違反のないことを誓ったのである。

なおこれより以前にも延暦寺より問責あるごとに書かれた誓状は再三に及んだという。〔第十図〕

## 二五、興福寺奏状

既成仏教八宗を代表して、奈良興福寺から朝廷へ奏上した念仏弾劾《だんがい》の訴状である。起草の筆を執ったのは解脱《げだつ》房貞慶《じょうけい》といわれている。

一、新宗を立てる失。二、新像を図する失。三、釈尊を軽んずる失。四、万善を妨ぐる失。五、霊神に背《そむ》く失。六、浄土に暗き失。七、念仏を誤る失。八、釈衆を損ずる失。九、国土を乱す失。以上九箇条の失点を列挙して、法然はじめ他の専修念仏者の処分を厳しく要求している。漢文体数千言より成り、さすが貞慶のものだけに、理路整然と述べられているようだが、攻撃的言辞が多く、却って保守旧教の足掻きとなっている。

野間宏氏は『教行信証』は、実にこの「奏状」への一大抗議書であり、理論的にも「奏状」を根底から打ち破っていると強調している。〔第十図〕

## 二六、住蓮房・安楽房遵西

両人共もとは侍《さむらい》であったが、早くより法然上人の門に入り、鹿谷《ししがだに》で諷誦した「六時礼讃」は有名であった。殊に安楽房は美声で人々を魅了したという。承元元年(一二〇七)二月九日、安楽房も住蓮房と共に捕えられ、安楽房は六条河原で処断されたが、従容と礼讃を誦し、称名数百遍のうちに大往生を遂げた。住蓮房も同日江州馬渕《まぶち》で殺された時、「このごろ隠し念仏が顕れていよいよ弥陀の浄土へからめ取られることよ」と歓び、打たれた首の口からも念仏を唱えたという。また性願房も馬渕で殺され、善綽房（『口伝鈔《くでんしょう》』には聖人の付添をつとめたとある）は摂津で処刑された。

なお安楽房は『選択集《せんじゃくしゅう》』撰述に携《たずさ》わった弟子数人中、選ばれて執筆となったが、途中驕慢な言辞を洩らしたので、第三章目から感西と変えられたそうである。〈第十図〉

**二七、後鳥羽上皇**　当時は土御門《つちみかど》天皇の御代であるが、後白河法皇のあとをうけ、後鳥羽上皇《ごとばじょうこう》も譲位後なお院政を行っておられた時であった。念仏停止《ちょうじ》の十二年後、上皇は鎌倉幕府打倒を図り、承久の乱をひき起こされたが失敗し、あたかも承元弾劾《だんがい》の応報のごとくに、隠岐へ配流なされ、はかなく島で崩御なされた。島では浄土願生者としての上皇の俤《おもかげ》を伝えるものとして、遺著に『無常講式』がある。この書から存覚法師が『存覚法語』に、さらに蓮如上人が『白骨の御文』前半に引用なさっている。〈第十図〉

**二八、女官二人**　法然上人の高弟隆寛の作といわれている『法然上人秘伝』の伝えるところによれば、二人の上臈《じょうろう》は、実は一条今出川の左大臣の御内《みうち》で、その松虫・鈴虫なる女性を得度なされたのは上人であって、住蓮は自ら進んで身代りになって刑に服したという。〈第十図〉

**二九、六角前中納言親経卿**　覚如上人の『拾遺《しゅうい》古徳伝』は、宗祖が死罪になるところを、一門のこの親経《ちかつね》卿の進言によって、罪一等を減ぜられ、越後流罪になったと伝えている。

次の図の八座（参議の唐名）評衆の一人である。〈第十図〉

**三〇、二位の尊長**　法然上人が浄土宗を開いたのを嫉《ねた》み、寺社奉行となり、念仏停止のためいろいろ活躍したが、後、思い悩むところがあり、回心懺悔《えしんさんげ》し、上人が讃岐から津の国へ帰られるのを待って弟子となり、是信《ぜしん》房と名をいただいた。『歎異抄《たんにしょう》』蓮如本奥書には、流罪死罪の名を列ねたあとに「二位法印尊長の沙汰なり」とある。なお寺社奉行たる者がこんな番屋で見張っているとは非常識で、これは山門や南都から交替で来て取締り状況を監視している五位の法印であろうか。それにしても威風堂々と描かれすぎている。

〔第十図〕

**三一、検非違使** 非法違法を検察する意の名称で、平安初期から設けられた令外《りょう》の官で、はじめ京都の治安警察のため、衛門府の中に設置されたが、次第に独立して検非違使庁《けびいしちょう》を設立、権限も犯人検挙や風俗取締りから、訴訟裁判にまで及び、きわめて強力となり、地方諸国にも設けられるようになったが、武士の勃興《ぼっこう》とともに形式化してしまった。
〔第十・十二・十三図〕

**三二、太政官符** 中央最高機関である太政官《だじょうかん》から、所轄の官司に詔勅などを下達する文書。
〔第十一図〕

**三三、国　司** 朝廷から諸国へ派遣された地方官。
〔第十一図〕

**三四、府　生** 六衛府（左右近衛・左右衛門・左右兵衛）に属する下級役人。検非違使庁におかれた。
〔第十一図〕

**三五、符到奉行** 符とは宣下の公文書。宣下を受けた月日を記し署名し、事を執行する役。弁官に准ずる。
〔第十一図〕

**三六、右大史**　太政官、右弁官局の主典（さかん）。〈第十一図〉

**三七、右少弁**　太政官右弁官局に属し、右大弁、右中弁の下位。〈第十一図〉

**三八、法然上人**　九条兼実《かねざね》公や多くの信者達の尽力によって、配流の土佐が讃岐《さぬき》（香川県）にとどまり、それも九ヶ月後の承元元年（一二〇七）十二月八日仮赦免《しゃめん》となり、摂津の勝尾寺に住まわれた。ご帰洛を許されなさったのは、なお三年後の建暦元年（一二一一）十一月十七日であり、東山大谷の禅房に入られたが、翌建暦二年正月二十五日入寂なされた。御年八十歳。奇しくも命日世寿は釈尊と同じであった。上人には名著『選択集《せんじゃくしゅう》』の他に『三部経釈』『往生要集大綱』等多くの述作がある。（なお上人については三図解説・六図余説参照のこと）〈第十二図〉

**三九、小松谷の御堂**　当時は馬町南、火燃《ひともし》というところにあった。小松谷というのは、元、小松の内大臣平重盛の別荘だったからである。それを道場とし、四十八体の弥陀を刻み、昼夜四十八灯を点《とも》したので、また火燃といったのである。その後藤原忠通が譲り受け、子息兼実に伝えたのである。〈第十二図〉

**四〇、法性寺**　「ほうしょうじ」とも、「ほっしょうじ」ともいう。平安中期（九二五）藤原忠平が京都に創建。後焼失したのを一一四八年、藤原忠通が再建し、隠退後ここに住んだ。それゆえ忠通を法性寺殿という。応仁の乱でことごとく焼失した。〈第十二図〉

**四一、九条兼実**　宗祖得度の戒師慈円僧正《じえんそうじょう》の実兄で、建久二年（一一九一）関白となった。法名は円照と号し、法然上人に深く帰依し、『選択集』の撰述はこの人の請願によるという。また息男の摂政《せっしょう》良経や三条長兼らと共に、念仏禁圧を穏便に収拾しようと尽力した。上人との別れに際し、今生ではもはや逢えぬと、声をあげて泣き、その後心痛のあまり、一月も経たない承元元年（一二〇七）四月五日、さびしく他界した。五十九歳。その日記『玉葉』は史料として貴重である。〈第十二図〉

**四二、大原談義**　（大原問答）文治二年（一一八〇）法然上人が叡山の大僧都顕真や、天台・三論・法相の学僧と、京都大原の勝林院で、浄土念仏の法門につき問答し、浄土門こそ末世相応の法であることを証し明かされた談義をいう。〈第十二図〉

**四三、領送使**　流罪人を配所まで護送する朝廷の使者。衛府の官人、検非違使などが任ぜられた。追立《おったて》の使い。〈第十二図〉

**四四、水　干**　水張りして干した布で作った狩衣《かりぎぬ》の一種。〈第十二図〉

**四五、梨子打烏帽子**　柔らかにつくった烏帽子《えぼし》。先のとがったもみ烏帽子。〈第十二図〉

**四六、妻　帯**　赤松俊秀博士の考証によれば、親鸞聖人の御結婚は元久二年(一二〇五)ではなかろうかという。この妻帯は、未来は共に浄土へと願生を約する正式な御結婚で、在家ならなんら破戒に相当しないのである。それを他の不正な女犯と同一視して処断したのであるから、聖人は後年『教行信証』で、後鳥羽上皇はじめ、君臣とも法に背き、義に違《たが》い、忿《いかり》を成し怨《あた》を結んで、太祖法然上人はじめ多くの弟子方の罪科を

も考えず、みだりがわしく処刑したと極言なさったのである。〔第十三図〕

**四七、恵信尼公**　親鸞聖人が越後で丸四年を過ごされた承元五年（一二一一）三月三日、息男信蓮房明信が誕生なさっているから、恵信尼公との再会は少なくとも承元四年、聖人三十八歳、恵信尼公二十九歳の頃と考えられる。いつの日か聖人の後を追うて、都から下向なされたのであろう。尼公は越後の豪族三善為教《みよしためのり》の息女であるという。小黒女房・善鸞・明信・有房・高野禅尼・・覚信尼の母である。関東あるいは都にも聖人と行動を共にされたが、晩年七十歳を過ぎてから、都に聖人を残し、ひとり郷里上越へ帰られた。中頸城《くびき》郡板倉町にその遺跡と伝えるものがある。越後から都の覚信尼に宛てられたお手紙十一通が、西本願寺に伝えられ、聖人の行実を語ると共に、当時代の地方の女性記録として珍しく、大変貴重なものである。〔第十三図〕

**四八、荻原敏景**　配所の地を踏まれた最初に、親鸞聖人の御化導《けどう》にあずかったのは、この代官敏景《としかげ》であったという。

越後で『交名牒《きょうみょうちょう》』に記載されている門侶は、覚善唯ひとりであるが、俗姓は国府々長栄部大蔵之助景貞といい、この人の妻はヤヨエといって敏景の娘であると伝えている。してみると、敏景が真っ先に聖人の帰依者となったのは事実であったろう。〔第十三図〕

**四九、流人生活**　流刑地に着いた流人《るにん》には、『延喜式』によれば一日につき米一升（当時の升《ます》の容量は現在と異なる）とわずかな塩が支給されたが、それも長い冬が終わって春になると、自分の手で耕し、秋の収穫期には、すべての給付が中止され、以後は自活せねばならなかった。聖人も例外ではなく、こうした苛酷《かこく》な流人生活を送られたのである。

なお上越は、日本で最も積雪量が多くて有名な地方である。親鸞聖人は何よりもこの長い冬の雪害にお悩みなされたことであろう。〔第十三図〕

## 五〇、勅免の宣旨

親鸞聖人へ勅免の報達があったのは、配流の日から、既にあしかけ五年の歳月が経ってからであった。ここのところを伝文は「経《タリト》二五年之居緒《ヲ》一」と記しているが、原典『教行信証』では「居諸」となっている。これは『詩経』の「日居月諸」からきた語であるから、やはり「居諸」の方が正しい。

なお伝文では、勅免の報をもたらした勅使は、岡崎中納言範光《のりみつ》卿であったと伝えているが、中納言は当時既に入道し、朝政から退いていたのである。しかしこの頃の政治決定は、院の庁で行われたから、入道とはいえ、あるいはまだそうしたことに参画していたかもしれない。それにしても院の奏者として、越後へ下向するといったことはなかったであろうから、これは中納言の指令を受けた者が勅免を伝えたということなのであろう。

これに対し聖人は、勅答をお書きなされたが、それには、今や非僧非俗《ひそうひぞく》の身だからと、破戒僧を意味する「禿《とく》」の字を御自分の姓となし、奏上なされたと伝文は記している。

叡山を開いた最澄《さいちょう》の『入山発願文』には、「愚中極愚、狂中極狂、塵禿有情、底下最澄」とあり、また中国では古くより、破戒僧を禿人とか禿居士とか言ったそうだから、ことさら聖人一流のものではないが、流人として還俗させられ、罪人の身に落しめられ、愚禿《ぐとく》としての自覚に徹し、これを末法濁世の御自分の固有名詞となさったところに、大きな意義がある。

なお七高僧中の天親《てんじん》菩薩と曇鸞《どんらん》大師からお採りになって、「親鸞《しんらん》」と名のられたのも、この越後時代であった。

荒れやすい日本海の波、豪雪と河川の氾濫に悩まされどうしの越後の農民漁民の苦界が、そのまま親鸞聖人の環境であって、数多くの御述作中に、それらを実感を通して捉えられた文辞にまで昇華なさっていることを見逃してはならない。〔第十四図〕

## 五一、越後における教化

かつて流罪勅免になっても、なおそのまま配所に留まったというためしがあっただろうか。恐らく親鸞聖人おひとりであろう。帰るべき都では、師法然が没してしまわれたという理由はあったにしても、それにも増して、聖人には今度こそあらためて、流罪から解放された自由な身で、教化せねばならぬといった使命感の方がお強かったことであろう。下越地方に残された聖人の足跡の多くは、こうした時期のものであろう。『交名牒《きょうみょうちょう》』に載っているのは覚善ひとりであるが、それ以外には、柿崎の善順房、国府で弟子となったという野田の西念房、国分寺の寺目付中沢康広、源氏残党の裕玄、また佐々木高綱も国府で弟子となり、了智と法号を授かったという。しかし帰依者の多くは名もない田夫野人であっただろう。従って東国門徒のような教団を形成するまでに至らなかった。

しかも永正三年（一五〇六）上杉能景《よしかげ》が、一向一揆《き》の討伐に出かけ、越中の般若野で戦死したため、その子為景《ためかげ》は浄土真宗を仇敵視し、永正十八年（一五二一）越後国内に真宗弾圧の布令を出し、厳しく取締ったので、寺院も信徒も他国へ逃げのびてしまい、さらにその禁制は謙信が解除令を出した天文の頃まで、およそ半世紀も続いた。このため親鸞聖人の足跡も言い伝えも中断されたり、多くは消滅してしまったことであろう。

俗に「越後の七不思議」といわれている伝説は、こうした弾劾《だんがい》の中にあって、わずかに民話的な口承によって支えられて、息吹き残った聖人に対する北越人の追慕の念を伝えるものであろう。

一、居多ヶ浜の片葉葦。二、鳥屋野《とやの》の倒《さかさ》枝竹。三、山田の焼鮒《ぶな》。四、小島の八房梅。五、小島の珠数懸《かけ》桜。六、保田の三度栗。七、田上の繋《つな》ぎ榧《がや》。〔第十四図〕

## 五二、関東へ旅立

親鸞聖人が越後から関東へ向かわれたのは、建保二年（一二一四）四十二歳の早春であった。その動機や理由は、諸説紛々として、いずれとも採りがたい。実際には単なる一、二の事由だけでなかったであろう。特殊な事縁としては、三善家の縁故や所領が、東国にもあったとか、あるいは古くから越後農民の関東移住があったとか、種々説かれている。また御著『教行信証《きょうぎょうしんしょう》』の資料を関東に求められたともいわれている。

伝えているように、小島郡司武弘や宇都宮一族、あるいは真岡城主、真壁城主等の屈請《くっしょう》もあっただろうが、建仁元年（一二二四）五十二歳の時、『教行信証』の初稿本を書き終えられたのは事実だから、何といっても移住の大きな理由は、この著作にあったのであろう。宇都宮から笠間の地方にかけて、この条件を満たすべき文化もかなり進んでいて、何よりも『一切経』を自由にお読みできるようなところであったと思われる。

なお関東へ御一緒なされた恵信尼公の書状に拠れば、途中上野《こうずけ》の佐貫《さぬき》で、聖人は三部経千部読誦を発願なさったのを、四、五日でお止めなさったという。たとえ読誦の 功徳が世の人の救いのためであったにしても、それは自力の功徳観念が先行していて、専修念仏者のとるべき道ではない、念仏以外に何の不足があってかと、厳しく反省なさって、読誦は中止なされ、自信教人信としての堅い御決意で佐貫を発ち、常陸へと向かわれたのであった。これは聖人にとって、あの吉水入室にも次ぐような、重大な宗教体験だったにちがいない。

〔第十四図〕

## 五三、『門侶交名牒』

『親鸞聖人門弟交名牒《きょうみょうちょう》』。門弟名を列記し、住所を注記した法統系図で、愛知県桑子妙源寺本・茨城県下妻光明寺本・京都仏光寺内光薗院本・滋賀県津の里光照寺本・茨城県稲田の西念寺本・山梨県等々力の万福寺本がある。それぞれの記し方に出入があり、杜撰《ずさん》なところもある。その教線範囲は、常陸・下総・下野・武蔵・奥州・遠江《とおとうみ》等にも及んでいる。西念寺本は「寛元交名牒」ともいわれているが、これは当寺の「真宗興隆縁起」に拠《よ》れば、鎌倉幕府執権北条泰時《やすとき》より、念仏の新義を停止するよう沙汰があったので、頼重房教養・専信房明光等が、聖人の意を受けて、問注所に出頭して弁白し、寛喜三年（一二三一）将軍頼経より念仏勤修の許可を得、この後寛元三年（一二四五）問注所に提出したのがこの『交名牒』であるという。

これに類するものに『二十四輩《よはい》牒』がある。門弟中特に優れた者二十数名をどのようにして選出したものか、また聖人御在国当時のものかどうか、あるいは覚如上人の手になったものか分明でない。主だった代表者を定めて、各教団が連絡し合うには、こうしたものも必要だったにちがいない。それにしても非常に杜撰なものである。

聖人面授の直弟《じきてい》を中心に、各地域ごとに形成されていった教団は次のようである。

下野高田の真仏を中心とした高田門徒、下総《しもうさ》横曽根の性信の横曽根門徒、鹿島の順信による鹿島門徒、奥州大網の如信の大網門徒、会津地方の無為子や唯信による会津門徒等で、これらの教団は、やがてそれぞれ、次のような真宗一派としての発展をとげていった。

一、高田派。二、仏光寺派。三、興正派。四、木辺派。五、出雲路派。六、山元派。七、誠照寺派。八、三門徒派。

〔第十四図〕

**五四、貴賤ちまたに溢る**　伝文はこのことばの後に、「この時、聖人おおせられてのたまはく、救世菩薩の告命《ごうみょう》を受けし往《いにしえ》の夢、すでに今と符合《ふごう》せり」とある。第四図の解説・余説を参照のこと。

〔第十四図〕

**五五、性信房**　俗名は大中臣《おおなかとみ》与四郎、常陸鹿島の人である。十八歳で法然上人の弟子となり、その後親鸞聖人に師事し、横曽根に報恩寺を建立した。聖人の高弟として聖人に信任され、建長の念仏弾圧には、関東の門弟を代表し、幕府の訴訟処理に当たって解決し、聖人から賞讃を受けている。東本願寺に蔵する聖人自筆の『教行信証』(坂東本)には、弘安六年に性信から明性に譲るとの奥書があるように、もとは性信の報恩寺に伝来されたものである。〔第十四・十八図〕

**五六、弁　円**　播磨《はりま》の公弁円《きみべんねん》。那珂《なか》郡塔野尾《とのお》村の住人で豊前《ぶぜん》の僧都《そうず》とも称した。京都聖護院で修行し、霊験殊に優れているとのことで、常陸の領主佐竹氏が、塔野尾に二十間四面の不動堂を建立して屈請《くっしょう》した。有《う》髪《はつ》は本山派(天台)で、僧形《そうぎょう》は当山派(真言)であり、絵は有髪に描いてある。あの山伏の異様な身装《みなり》は、彼等の尊信する不動明王を、人身にうつしたものだという。

このようにして聖人の御化導《ごけどう》を蒙《こうむ》った明法房弁円は、翌年冬のこと、聖人が鹿島行方《なめかた》方面へ御巡化に出掛けられた時、草庵で一人留守居をしていて、あまりお帰りが遅いのを案じ、板敷山までお迎えに出向き、ここでお待ち申しさえすればきっと逢えるはずと、思えば去年のことながら、この辺りで十八人徒党を組んで、待ち伏せしたことの恥しさよ、待つは同じ待つなれど、何という心の違いであろうかと、「法《のり》の師を迎へにここにあしひきの山は年にも変らざりしに」と歌った。

また聖人のお伴をして板敷の山路を往返しては、「山も山道も昔に変らねど変りはてたるわが心かな」と詠んだ。その後長く大悲に感泣しつつ、常随の弟子として聖人にお仕え申した。やがて久慈《くじ》郡松原に上宮寺を建立し、聖人御帰洛後は楢原《ならはら》に隠居し、建長三年(一二五一)十月十三日、六十八歳で往生の素懐《そかい》をとげた。

時に聖人は七十九歳、明法房の死を、はるか遠い都で、折から上洛の明教房からお聞きなされ、早速関東の弟子方へ御手紙をお書きになった。そのなかで明法房にはかつて心得違いのひが事もあったが、それを改悔してりっぱな往生をとげたことを、繰り返し称讃なさっておられる。その御消息は、『末灯鈔』（覚如上人二男 従覚 編）十九・二十通目にある。〔第十五図〕

**五七、御帰洛**　聖人の御帰京の理由については判然としていないが、大体次のように考えられている。

一、天福二年（一二三四）から翌年にかけての、幕府の念仏禁止の鋒先をお避けになったことが契機となった。

二、関東教団指導者としての名声に対する深い反省と、嘉禄の法難後の京における念仏の荒廃を再興しようとして上洛なされた。

三、『教行信証』完成のためと、その他の著述のためであろう。

四、故郷で静かに晩年を過ごし、過去への御反省や、あるいは御子方の教育のため等もあったであろう。

また御上洛の途次については、次のように伝えられている。

貞永元年（一二三二）八月七日、高田御出立。

文暦元年（一二三四）八月十五日まで国府津（六十二歳）

同　八月十六日、国府津御出発。

八月下旬、駿河の阿部川を渡らる。

九月上旬、遠江桑畠の専信房の宿所に到着、ここで越年。

文暦二年二月、桑畠御出発、三河に入り、矢作《やはぎ》の柳堂に御滞留。念仏房・慶内房・蓮行房・了海房・専恵房等弟子となる。

嘉禎元年（一二三六）四月より七月まで木辺に留まり御化導なさる。
八月四日御入洛、御年六十三歳。

なお随伴の弟子については、顕智と専信であるとも、顕智と蓮位であるともいわれているが、野田の西念房は京までお送りしたというし、蓮位房は京都でも常随しているゆえ、いまはこの二人とする。

また、御家族については、同伴説もあるが、やはり都での聖人の御住居が定まった後、遅れて別に上洛なされたものと考えられる。その折も弟子が随行したことであろう。それが専信や顕智ではなかったろうか。

〔第十六図〕

### 五八、箱根権現

神奈川県足柄下郡箱根町にあり、その歴史は古く、天平宝字元年（七五七）、満願上人が霊夢によって建立したという。彦火火出見尊《ひこほほでみのみこと》を祀《まつ》り、箱根三所権現《ごんげん》という。

聖人御立寄の六年前、安貞二年（一二二八）十月、火災で焼失したのを、北条泰時が再建し、当時社廟も新しかった。

権現とは、仏・菩薩が権《か》りに神となってこの世に現れるとの本地垂迹《すいじゃく》説による意で、他に熊野・山王・春《かす》日《が》等は有名である。

奈良時代に始まり、平安末から鎌倉時代にかけて、すべての神の本地が定まったようである。即ち天台の一実神道・三諦即一、真言の両部神道・六大三密の神仏一致説、法華の一切本門仏釈迦垂迹説、浄土門の権社弥陀説・実社邪神説等である。

しかし明治維新の神仏判然令により、神仏分離から遂に廃仏毀釈《きしゃく》の暴挙ともなった。

この箱根権現と次の熊野権現の二段は、当時における一般通念の本迹説思想に拠るもので、覚如上人の両段設定の意趣をも窺うことができる。

廃立の正意からすれば、余の諸仏菩薩も帰仰の対象ではないが、善巧方便からみれば、権者の霊神もすべて崇敬《すうけい》の対象となる。聖人の『教行信証』化巻、『現世利益和讃』『御消息集第四通』、『歎異抄』第七条、存覚法師の『諸神本懐集』『破邪顕正鈔』『持名鈔』、蓮如上人の『御文』一の九・二の二・二の十・三の一等に、このことにつき委しく述べられてあるが、要するに、日本の神明は念仏者を敬愛擁護すると明示されてある。〔第十六図〕

**五九、平太郎**　常陸国那珂郡大部郷の住人である。建久八年(一一九七)生まれで、聖人関東御在住時代の面授口決《くけつ》の弟子である。この段に拠れば、大部の地頭職佐竹末方に仕えたこともあったようである。のち出家して真仏（高田の真仏とは別）と称した。おおぶの平太郎というが、おおぶの中太郎だとも伝えている。大部とは今の水戸市の飯富である。建保八年（一二一八）聖人四十六歳、平太郎二十二歳の五月、十字名号と共に、次の「五劫思惟《ごこうしゆい》の苗代《なわしろ》」の歌を戴いたという。当地方で実際に歌われていたそうである。

五劫思惟の苗代に／兆載永劫《ちようさいようごう》のしろをして／一念帰命《きみよう》の種をおろし／自力雑行《ぞうぎよう》の草をとり／念々相続の水を流し／往生の秋になりぬれば／このみとるこそうれしけれ／南無阿弥陀仏／南無阿弥陀仏

なお、善鸞御房が関東に下向し、「自分が父から聞いたことが本当で、これまでの念仏はみな無駄事だ」と言いふらし、そのため、平太郎を中心に集まっていた九十何人かの念仏者が、平太郎を捨てて善鸞御房についていったということを、聖人（八十三歳）の建長七年（一二五五）十一月九日付慈信房宛御返事の御消息が伝えている。〔第十六図〕

**六〇、佐竹末方**　佐竹刑部《ぎようぶ》左衛門末賢《すえかた》。八幡太郎義家の次男、新羅三郎義光の嫡孫で、代々大部の郷の地頭職であった。

弘安十年（一二八七）九月二十九日、寂円という熊野社の御師《おし》（祈禱師）が、檀那である常陸の佐竹一門を、証道房に譲った譲状が『熊野那智大社文書』にあるから、この佐竹一門は度々熊野へ参詣していたものと思われる。

なお聖人は、念仏の反対者であったこの佐竹氏には、かなりお悩みなされたこともあったということである。〔第十六図〕

### 六一、熊野権現

紀伊国（和歌山県）東牟婁郡。社廟創建は崇神天皇即位元年（九七）という。東は証誠《しょうじょう》殿で国常立尊《とこ》、本地は阿弥陀如来、西は結びの宮で伊弉諾尊事解男《いざなぎのみことことさかのお》、本地は千手観音、中は伊弉諾尊早玉雄の宮で本地は薬師如来である。この三社権現の他に、天神四代と地神五社、併《あわ》せて十二社がある。

宇多法皇に始まって、後白河・後鳥羽両上皇に至って貴顕の参詣はその極に達したが、一般人も山伏や御師《おし》の宣伝普及により篤く信仰し、地方武士の参詣も少なくなかった。法然上人の『絵詞伝』は、遠江《とおとうみ》の作仏なる者が、四十八度も参詣し、後生の助かる法縁を祈願したところ、法然房に問決せよと、お告げがあったということを伝えている。〔第十六図〕

### 六二、五　条

今の五条天神の地であるという。当時ここに九条家の下屋敷があった。

恵信尼書簡第十一通に「栗沢がどうしたことやら、野積というところの山寺で、不断念仏を始めるらしいが、五条殿のため、何か書物を書かねばと申しているらしい」とあるが、「五条殿」とは御父聖人のことで、この五条にお住まいだったからの御名であろう。

名の知られた東国の門侶だけでも、およそ六十名といわれているが、それらの直弟子や孫弟子にいたるまで、この平太郎のように、京の御住居に聖人を訪れ、法門上の疑義を尋ねたり、または懇志を運んだり、あるいは書簡を送って教えを請うたりした。これに対し聖人は著述を送ったり、御消息でお答えなさったり、至って懇ろに御教化なされた。〔第十六図〕

## 六三、一向専念の義

聖人御教示の要義である一向専念について表示すれば、次のとおりである。

大経──一向専念（三輩段 流通・弥勒に付属）──┬顕────弘願《ぐがん》門
　　　　　　　　　　　　　　　　　　　　　　└隠密の義なし

観経──三心（至誠心 深心 廻向発願心）（九品段 流通・阿難に付属）──┬顕─定散自力──要門
　　　　　　　　　　　　　　　　　　　　　　　　　　　　　　　　　└隠─一向専念──弘願門

小経──一心（六方段 諸仏証誠）──┬顕─善根福徳の自力──真門
　　　　　　　　　　　　　　　　└隠─一向専念──弘願門

続いての「論主一心と判じ、和尚一向と釈す」を次に略記する。

天親論主─世尊我一心（浄土論）

善導和尚─上来雖説定散両門之益
　望仏本願意在衆生一向
専称弥陀仏名（散善義）

なお、聖人の一向専念というのは、絶対の一向で、余仏に向かわず、余法に対せず、あくまで弥陀一仏のみへの一向である。従ってそこには、対立して考えられるような諸神仏菩薩もなく、いわばすべてを包含し尽くす一向であるから、ここに特に一向専念の義を強調して述べられたのである。〔第十七図〕

### 六四、代　参

特に留意すべき点は、聖人が当時の一般通念を通じてお教えなさっているということであろう。もしも聖人が本地垂迹《ほんじすいじゃく》を認めておられるなら、代参だから差しつかえないとは言われなかったわけで、かえって平太郎に正式な参詣をお勧めなされたにちがいない。聖人には本地垂迹のお考えのなかったことが、これでいよいよはっきりしてくる。と同時に、念仏者としての信仰の純化に努められたこともよく窺える。

昔から、仏教信者には道俗を問わず、聖道と浄土の両門の間をさ迷うがごとき信仰が多かったから、神仏の妥協などは実に安直であり、神仏習合・本迹説はますます本格化し、元来悟りの宗教であった仏教に、呪術的な要素が混入して変形し、聖人は特にこのことにつき厳しく戒められた。しかし、現代に至るもなおそれが自縄自縛的な尾を引きずり、奇妙な日本人の信仰生活をつくり出すようになった。〔第十七図〕

### 六五、お咎め

弥陀の垂迹といわれている熊野権現が、「汝何ぞわれを忽緒《こつしよ》して汚穢《わえ》不浄にして参詣するや」と、念仏者平太郎をお咎《とが》めになったのはなぜか、という疑問が残るが、平太郎がもしや神罰が当りはしないだろうかと思っている疑懼《ぎく》の雑修を、聖人が「念仏申す者である」との御返答によって、きっぱり払拭させ、さらにその身そのままの念仏の広大さや、また弥陀一仏への一向専念のうちに、すべてを包含し尽くしていることを示すことなど、もし夢の中で権現のお咎《とが》めがなかったならば、ついに顕現《けんげん》されなかったわけである。〔第十七図〕

**六六、尋有僧都の善法院**　聖人の舎弟尋有僧都《じんうそうず》は、比叡山東塔の善法院主であった。これは洛中の里坊である。聖人は五条西洞院にお住まいだったが、火災で焼けたため（建長七年）この善法院へ移られた。『御伝鈔』は、この禅房は平安左京の片辺りで「押小路《おしこうじ》の南、万里小路《までの》の東」と注記している。大谷派では、現在の柳馬場御池上ル虎石町と推定している。聖人遺愛の虎の形の石が、今東大谷祖廟《そびょう》の廟上に安置してあるが、善法院のあったところの地名に、その石の名を残しているからである。本願寺派は西の京万里小路とし、現在の右京区山の内御堂殿町を選び、安政年間、そこに善法院を再興した。今の角《すみ》の坊《ぼう》別院である。

〔第十八図〕

**六七、顕智房**　聖人の高弟で、真仏のあと、高田専修寺の三世となった。下野《しもつけ》と京都とをしばしば往返し、聞法を怠らず、上洛、下向の途次、三河で念仏を弘めたりした。善法院で「自然法爾《じねんほうに》章」を聞書している。また聖人の数多くの述作を書写し、御信仰の真髄を知ろうと努力した。「善鸞義絶状」も顕智が書写して伝えられている。

大谷廟堂の創立に際し尽力し、初期教団の統率者として活躍した。延慶三年（一三一〇）没・八十五歳。

〔十八・五図〕

**六八、善鸞御房**　慈信房善鸞《ぜんらん》。聖人の次男とも長男ともいわれ、判然としない。建長年間、東国の教団が、正邪の教義抗争で揺れ動いていた頃、聖人の使命を受け、説得者として関東へ下向したが、逆にその渦中へ巻き込まれ、功を焦るあまり、説得者自身邪義に陥り、権力者に結びつき、性信等を幕府に訴えたり、あるいは、自分が夜、父聖人から秘伝を受けたと詐《さ》称したり、第十八願も今やしぼめる花だと豪語したり、継母《まま》の尼（恵信尼）に言い惑わされた等と虚言したりしたので、聖人は遂に書状をもって義絶なされた。その後念仏教団から姿を消した善鸞は、巫《ふ》道に走り、修験者風統率者となり、多くの騎馬の僧尼を従え、大殿と呼ばれていたという。

証誠寺派、出雲路派では、善鸞を第二世とし、本願寺派では、その子大網の如信を第二世としている。〈第十八図〉

**六九、益方有房入道**　益方大夫入道道性《どうしょう》。聖人の第五子。益方というのは上越にある地名である。恵信尼は「ますかた」と呼んでおられるから、恵信尼の近くの「益方」に居住していたのであろう。恵信尼はまたこの人の子を預って養育しておられた。聖人の御臨終には、恵信尼の願いにより、越後の御家族を代表して上洛なさったものと思われる。

なお恵信尼は既に八十一歳になっておられた。しかも前年十一月よりこの年の五月まで、病臥がちであった。それで、書くことももの𛂞いので、益方殿にも申さないが、手紙の内容（第三・四・五通）を伝えてほしいと、覚信尼へのお手紙で言っておられるのをみると、益方入道は、聖人の葬儀後も、しばらく京に留まって、いろいろ覚信尼の手助けをなさっていたようである。〈第十八図〉

**七〇、正　午**　『御伝鈔』がここのところで、聖人御入滅の時刻を午刻《うまのこく》(正午)と注記しているのを、一時は否定され、未刻《ひつじのこく》(午後二時)が正しいといわれてきたが、御臨終に侍仕した顕智が、専修寺本『教行信証』の奥書に、「午刻」と明記しているので、改めて午刻説が再認されるに至った。〈第十八図〉

**七一、覚信尼**　聖人の末娘、王御前ともいう。十二歳頃、常陸より上洛後、日野広綱（聖人の従弟信綱の子）に嫁し、覚恵、光玉（さいしょう）二子の母となる。広綱と死別してより、聖人の許に身を寄せ、聖人のお世話をなされた。聖人御入滅後、小野宮禅念と再婚し、唯善をお生みなされた。

禅念の所有地に廟堂を建て、夫から譲り受けた土地を、東国門徒に寄進して自ら留守職《るすしき》となり、将来の本願寺の基礎を固められた功績は大きい。

なお越後の母君恵信尼公が出された覚信尼宛の御消息が、建長八年（一二五六）から文永五年（一二六八）まで十一通、西本願寺に伝えられている。その第三・四・五通は一連のもので、五十日の喪が明けた弘長三年二月十六日に認《したた》められている。それによると、覚信尼からの訃《ふ》報は十二月二十日過ぎに受けとられている。そして聖人は叡山では堂僧を勤めておられたことや、六角堂の百日参籠や、観音示現を受けられた後、法然上人にお遇いなされて弟子となられたこと、建保二年佐貫で三部経千部読誦を中止なさったこと、また尼公が下妻でみられた夢の話、寛喜三年の病臥中の内省のこと等、今まで知られなかった往年の聖人の行実が、これらのお手紙で明らかとなり、聖人伝研究上の多くの憶説に、新しい究明の光をもたらした。また、いままでは言わなかったが、お亡くなりになった今は、このようなお方であったとお思いになっていただきたいと、お書きなさっていることなどから、覚信尼が聖人の無瑞相《むずいそう》御往生に対し、あるいは一抹のさびしさを、訃報中でかこちなさったのではなかろうかと推測される。〔第十八図〕

**七二、覚恵法師**　父は日野広綱、母は覚信尼。童名は光寿《こうず》。はじめ青蓮院に入室した。中納言阿闍梨《あじやり》法印とも号した。三十歳で真宗に帰し、母と共に大谷本廟を護《まも》り、後、弘安六年（一二八三）二代留守職を継いだ。
正応三年（一二九〇）、覚恵（五十一歳）は嫡男《ちやくなん》覚如を伴い、東国へ下向、聖人の遺跡を巡拝し、正応五年帰国している。

正安三年（一三〇一）から没年徳治二年（一三〇七）に至るまで、義弟唯善の大谷横領事件に悩まされつづけた。

光玉は恵信尼の消息に「さいしょう」とあり、覚恵法師の妹である。〈第十八図〉

**七三、兼有律師**　聖人の舎弟。叔父日野範綱《のりつな》の養子として出家、聖護院の門に入り、侍従権律師となった。また三室戸《みむろど》の萱房律師と号した。聖人御帰洛後、弟子となった。〈第十八図〉

**七四、即生房**　聖人の遺言状ともいわれている御消息(西本願寺蔵)に、常陸の門弟へ依頼なさっている即《そく》生房《しょうぼう》とは、勿論聖人の近縁の人にちがいないが、息男範意《はんに》印信のことども、あるいは益方入道のことともいわれていて、はっきり判っていない。『高田専修寺本絵伝』には、延仁寺火葬の場面に続けて「十三重の塔婆是也」と注記し、その遠景が描かれているが、これにつき、先啓の『御絵伝指示記』等は、印信僧都が聖人入滅の翌年九月二十五日に建立したもので、高さ二丈五尺であると解説している。いずれにしても聖人の遺言に従って、即生房の生活を扶助したのは、鹿島の順信であった。

今御前の母とこの即生房についての遺言状は、弘長二年十一月十二日付で認《したた》められているが、その他に、次のようなおことばも伝えられている。

我が歳きはまりて、安養浄土《あんにょうじょう》に還帰《げんき》すといふとも、和歌の浦曲《うらわ》の片男浪《かたをなみ》の、寄せかけ寄せかけ帰らんに同じ。一人居て喜ばは二人と思ふべし、二人居て喜ばは三人《みたり》と思ふべし、その一人《いちにん》は親鸞《しんらん》なり。

我なくも法《のり》は尽きまじ和歌の浦
あをくさ人のあらんかぎりは

弘長二歳十一月　　　　愚禿　親鸞　満九十歳　（『御臨末の御書』）〈第十八図〉

**七五、尊　蓮**　日野範綱の子信綱で、聖人の従弟に当る。叔父の文章博士宗業《むねなり》の子となり、朝廷に仕えて従三位となったが、承久の乱で一門が衰微し、遁世して沙弥尊阿と称した。堀川三位入道ともいう。聖人御帰洛後、他力往生の教えを受け、六十三歳に『弥陀経義集』を書写し、六十六歳で『教行信証』を書写している。息男広綱は聖人の末女覚信尼と結婚し、覚恵・光玉の二子を出生した。〈第十八図〉

**七六、道　珍**　京都四条の天台宗金宝寺住職で、夢告により聖人の弟子となった。（聖人六十七歳、道珍三十七歳）この年延応元年（一二三九）九月より十一月まで、聖人ここに滞在し一切経を閲覧なさったので、道珍は一室を造営し、安聖閣と名づけ、十二月聖人を迎えて越年させ申した。また和讃御制作の御心を聞き、料紙十束・白米五石・料足十貫を進上したという。〈第十八図〉

**七七、順　信**　順信房信海。鹿島明神の宮司、片岡信親《のぶちか》の子で、俗名は大中臣《おおなかとみ》信広という。父信親は篤く聖人に帰依し、信広を聖人の門弟として常随させた。鹿島門徒の代表者として活躍し、『下野縁起書二巻』を著し、聖人の行実を世に伝えたが、散逸してしまった。聖人滅後、その遺言に従って、即生房の生活を保証したのはこの順信であった。順信の遺跡として、鳥栖《とりのす》と富田に無量寿寺がある。〈第十八図〉

**七八、専信房専海**　顕智と共に、はじめ真仏の門に入り、後、聖人の弟子となった。建長五年（一二五三）高田より遠江に移り住み、聖人は、京に近くなってたのもしく思うと書状に書いておられる。建長七年（一二五五）三河の安城《あんじょう》で、法眼《ほうげん》朝円に聖人八十三歳の御寿像（西本願寺蔵）を描かせたのは、この人であるという。後裔《えい》はまた三河の和田へ移った。弟子に、和田門徒の祖円善、三門徒の祖如道がいる。なお、専修寺蔵『教行信証』は、専信が建長七年（一二五五）に書写したものである。〈第十八図〉

## 七九、影像

伝文に「影像を安ず」とある像は木像に描かれているが、西本願寺本では笠塔婆形の墓碑一基が立っているだけであり、専修寺本は墓碑と木像とを描いている。

もともと笠塔婆状の墓から廟堂へ、そして御影堂へ、さらに現在のような御影堂と阿弥陀堂の両堂形式へと発展し、また本願寺の移動動座の歴史によって、廟墓と本願寺の所在を異にするようになった。

覚如上人の『伝絵』より一年前の述作、『報恩講式』に「哀《あわれ》なるかな、恩顔《おんがん》は寂滅《じゃくめつ》の煙《けぶり》に化したまうといえども、真影を眼前に留めたまう」とあるから、この頃既に真影（木像）が安置されてあったのであろう。しかしこの年は聖人の三十三回忌に当たり、『講式』の著作は、その仏事依用にもあったから、これは常設でなく、臨時的な安置とも思える。そのように考えると、三本それぞれの違った絵相も、何ら矛盾するものではないと言えよう。〈第二十図〉

## 八〇、今御前の母

西本願寺に伝えられ、聖人の遺言とみなされている真筆の消息中の人である。聖人の末女覚信尼のことであろうといわれているが、聖人の内室や即生房の妻とする説もあって、はっきりわかっていない。〈第二十図〉

## 八一、留守職

国司《こくし》が在京のままで、その全権を在国の官人に託して国を治めたので、これを留守職《るすしき》と称した。同じようなことが、廟堂を守る者と、全権を任せられた門弟間に成立したので、これに準じて留守職といった。即ち親鸞の廟堂を管理護持する役で、譲状《ゆずりじょう》と門弟の承認によって相伝され、覚信尼から嫡男《ちゃくなん》覚恵へ譲り渡されたが、この間、異父弟唯善の相続権競望事件が起き、覚恵没後三年目、ようやく覚如が受け継いだ。

その後、廟堂の寺院化によって住持職《じゅうじ》を含むようになり、別当職《べっとう》となっても、譲状によって代々世襲されてきた。

〔第二十図〕

**八二、御述作**　聖人のお遺《のこ》しなされた御述作には、不朽の名著である五十二歳の『顕浄土真実教行証文類』六巻をはじめとし、七十六歳の『浄土和讃』『高僧和讃』、七十八歳の『唯信鈔文意』一巻、八十一歳の『浄土文類聚鈔』一巻、八十三歳の『尊号真像銘文』（略）一巻、『浄土三経往生文類』一巻、『愚禿鈔』二巻、『皇太子聖徳奉讃』、八十四歳の『入出二門偈』一巻、『四十八誓願』『往還回向文類』、八十五歳の『一念多念文意』一巻、『粟散王聖徳太子奉讃』『上宮太子御記』、八十六歳の『尊号真像銘文』（広）二巻、『正像末和讃』等があり、八十八歳の『弥陀如来名号徳』一巻が絶筆となった。
〔第二十図〕

**八三、大殿堂**　廟堂の寺院化を図られたのは覚如上人であった。寺院形式としては、まず本尊の安置が必要であり、親鸞《しんらん》聖人といえども人師では許されず、影像を傍らに移し、真ん中に阿弥陀像を安置しなければならない。寺院化を目指した覚如や善如や綽《しゃく》如等、歴代の上人に対し、高田専修寺をはじめ、関東の門徒はあくまで大谷は廟としておくべきだと反対しつづけ、このことで東国の門徒から次第に見離されていった本願寺は、窮乏の時代を迎えることになる。しかし遂に本願寺は素志を成しとげ、廟堂はそのままにして、本尊安置の堂を別に建立した。これがいわゆる両堂形式の始まりで、七代存如上人からだといわれている。
建武三年（一三三六）足利尊氏の乱による東山一帯の戦火で、大谷廟堂も全焼した。『絵伝』の初稿本が焼失したのはこの時である。

寛正六年（一四六五）一月、叡山の衆徒によって、大谷本願寺が破却され、さらに同年三月、再度の来襲により堂坊は焼失してしまい、墳墓だけが残り、これを守護したのは、蓮如上人の門弟井上願知であるという。蓮如上人は難を大津近松に避け、さらに越前に下向《げこう》して、吉崎に一宇を建立して布教なされた。やがて宿願の大規模な山科本願寺を建立なされたが、十代証如上人の時、法華宗徒によって焼かれ、大坂の石山坊舎に寺基を遷《うつ》された。これが石山本願寺であり、十一世顕如上人が、十年に亘って信長の進撃を防戦なされたところである。嫡男《ちゃくなん》教如上人が退出の際、自ら火を放って焼かれた。

天正十九年（一五九一）、秀吉から京都西七条の土地が寄進され、両堂を建立したが、法嗣継職《ほうしけいしょく》につき、教如、准如両上人の内紛があり、秀吉の裁断によって、教如上人が隠退なされ、後、家康の時代になって、教如上人に対し、六条に寺地の寄付があり、別に東本願寺を創建なされた。移転当初の西本願寺は、元和三年（一六一七）に焼失したが、寛永十三年（一六三六）、御影堂が建ち、次第に現在の堂宇に整備されていった。所属寺院は約一〇、四〇〇寺といわれている。

一方東本願寺は、天明八年（一七八八）、文政六年（一八二三）、安政五年（一八五八）、元治元年（一八六四）と相次いで類焼の憂き目に逢った。現在の大伽藍は明治二十八年（一八九五）に竣工した。所属寺院は約九、二〇〇寺である。〔第二十図〕

## 八四、浄賀法眼

信濃国更級郡塩崎の康楽寺住職である。康楽寺の開基は、宗祖の常随昵近《じっきん》の弟子西仏房で、浄賀はその孫である。諱《いみな》は信光といい、密乗房と号し、画道に秀《ひい》で、覚如上人に随伴して、宗祖の旧跡を巡拝し、永仁三年（一二九五）上人の指命により『親鸞伝絵』を描いた。

上人の滅後四年、延文元年（一三五六）十月十三日に没したが、上人と同じ八十二歳であった。寂年から逆算してみると、『伝絵』を描いた永仁三年は、僅か二十一歳の若輩であった。しかも上人もまた二十六歳の若さであり、その点かえってこのような若い二人の天才なればこそ、この絵伝合作に際して、いかに意気相投じたことか、その情熱のほどが思いやられる。

浄賀の子円寂と門人宗舜《そうしゅん》もまた、康永本の絵を描いている。　〔第二十図〕

**八五、覚如上人**　幼名は光仙、諱《いみな》は宗昭、別号を毫摂《ごうしょう》という。本願寺の第三世で、親鸞聖人の曽孫、覚恵法師の長子である。生母は中原周防権守《すおうごんのかみ》の女《むすめ》で、三歳の時に逝去なされたので、祖母覚信尼公がひきとって養育なさっていたようである。その頃隣坊の学僧澄海に師事し、幼くして学才すぐれ、師より天台の秘書を伝授された。十三歳で延暦寺の学僧宗澄に入門し、さらに一時三井寺にもおられたが、興福寺の信昭に入室して天台の教えを受け、師の没後、付弟覚昭の門弟となられた。十七歳で剃髪受戒し、覚如房宗昭と号された。十八歳には上洛中の如信上人（善鸞嫡男）、十九歳には常陸河和田の唯円（歎異抄の作者）から真宗の教義について教えを受けられた。

二十一歳より二十三歳まで、父覚恵法師に従って東国へ下向して、聖人の遺跡を巡り、遺弟を訪ね、聖人の遺教にまのあたり接し、心躍《おど》らせて帰国し、その感激のさめやらぬ永仁二年（一二九四）二十五歳にして、『報恩講式』を著作、その翌年二十六歳、つづいて、『親鸞伝絵《しんらんでんね》』（初稿）を著された。また、正安三年（一三〇一）鹿島門徒の長井道信に懇望され、即日起筆し、わずか一ヶ月足らずで、『拾遺古徳伝《しゅういことくでん》』を書きあげておられる。前者は祖徳の讃仰、中者は法然門下の聖人と伝記や廟堂、後者は法然の正嫡としての聖人を語り、この三者はとかく世に埋れがちだった聖人の行実を、真宗他派には勿論、浄土門流一般に広く顕示強調した点で、共に一連の繋がりをもっていると言えよう。

この年、同じく長井道信から、唯善の大谷横領の策動を聞かされたのであるが、この事件は延慶二年（一三〇九）まで、前後十年間も続き、次々と策謀をめぐらす唯善のため、病弱な父と共に苦悩の歳月を送られた。

父の異父弟唯善が、河和田の唯円に教えを受け、その地で妻を娶《めと》って生活しておられたが、生計の苦しさを兄覚恵に訴えられたので、大谷に同居なさることになった。しかし屋敷が狭いので、唯善は河和田の門徒達に話を進めて、南の敷地を買いとり、そこに南殿を建てて唯善一家の住居となさったことから、この事件は始まったのである。亡父禅念の譲状《ゆずりじょう》を持っていると詐称して、院宣を出願したり、関東へ下向して安堵状《あんどじょう》を得るため醵金《きょきん》数百貫を集め、安堵状を入手したと発表した揚句、徳治元年（一三〇六）、病臥中の覚恵法師を脅《おど》し、廟堂の鍵を強奪なさって大谷をわがものとし、あまつさえ覚恵法師の北殿に叡山の僧を住まわせたりした。

第二十図の絵の庭上の人物が覚恵法師なら、その持っておられる大きな鍵（専修寺本）は、留守職《るすしき》としての象徴とはいえ、この強奪事件がまともに描かれているようで、まことに痛々しい。

覚恵法師はやむなく、病の身を家族に助けられて大谷を出て、三条朱雀にあった覚如上人の内室の実家へ逃避なされ、翌二年（一三〇七）そこでさびしく没せられた。

この年奥州岩代の了専・了意父子が上京し、覚如上人の生活困窮の有様を見かね、上人をお連れして下向したが、その事は父の大谷放棄にさらに輪をかける結果となり、上人が帰洛なさっても、大谷へは御入居できなかった。

この事件は幾度も混乱を繰返し、最後に、延慶二年（一三〇九）七月、青蓮院の別所で、覚如・唯善、両者対決の裁判となり、ようやくにして上人勝訴の下知状が下った。

唯善は己が敗訴を察知するや、廟堂を破壊し、聖人の御影像と御遺骨の一部を持って、鎌倉の常葉《ときわ》へ逐電し、そこに一宇を建立し、衆人の信を集めたという。

一方、上人は懇望状なるものを東国の門徒へ提出し、翌年延慶三年（一三一〇）約半年間、関東の門徒達を巡《めぐ》り、その秋ようやく承認を得て、留守職に就任なされた。

既に四十歳を越えられた上人は、御活躍の第一歩として、まず越前、尾張、伊勢へと下向、教線の拡張を図られた。

また応長元年（一三一一）には、はるか奥州大網へ赴かれ、本願寺第二世如信上人の十三回忌を勤修しておられる。

正和元年（一三一二）、高田門徒の法智の発案で、専修寺の額を掲げようとなされたが、延暦寺の指令で撤去させられたので、その法智が如来堂へ持ち帰って寺号としたのが、高田の専修寺であるという。大谷の廟堂を本願寺と称するようになったのは、それより九年後、元亨元年（一三二一）頃といわれている。

その年の著作、『口伝《くでん》鈔』や、建武四年（一三三七）の『改邪《がいじゃ》鈔』で、法然・親鸞・如信の三代伝持の血《けつ》脈相承《みゃくそうじょう》を強調なされ、殊に厳しく邪義を排し、仏光寺系の教団を批判なされ、常に正しく親鸞教学を受け継ぐ本願寺を中心とした真宗教団の確立をば、生涯の念願としておられた。

しかし、このことが主な原因であったのだろうか、長子存覚法師と、その立場や意見が対立し、遂に元亨二年（一三二二）存覚法師を義絶してしまわれた。ようやく和解なされたのは観応元年（一三五〇）のことであった。留守職は二男従覚の息男善如に譲り、翌観応二年一月十九日、八十二歳で没せられた。

著作には前記の他に、『執持鈔』『願々鈔』『最要鈔』『本願鈔』『出世元意』『教行信証大意』等がある。

なお上人の伝記として、従覚の『慕帰絵詞《ぼきえし》』十巻や、上人の高弟乗専（毫摂寺開基）の『最須敬重絵詞《さいしゅきょうじゅうえし》』七巻がある。

〔第二十図〕

（野田　晋）

## 付説　聖運寺蔵「親鸞聖人御絵伝」

既述のように東・西分立の翌慶長八年（一六〇三）春、東本願寺教団成立まもない頃に教如上人より下付された絵伝であるところから、本書の「御絵伝」の二十絵図は愛知県西尾市の聖運寺蔵「親鸞聖人御絵伝」を使用させていただいた。

聖運寺開基・唯宗は、石山合戦を機に教如上人と共に教団形成に向けて活躍。教如は慶長八年、廐橋《うまやばし》（前橋）妙安寺の祖像（親鸞聖人御真影）を奉じ本願寺を興した。これが現在の東本願寺である。唯宗は殊にその祖像動座上洛の供奉の功によって教如上人より新たに聖運寺（聖人奉運寺の略称という）の寺号と同時に、狩野山楽筆と伝わるこの四幅御絵伝を賜ったのである。御絵伝は約四百年の歳月を経た今日も色鮮やかで損所もない。一般に流布されている御絵伝と同じく東本願寺蔵「康永本」を写書していると思われるが、若干描写に異なる部分がある。しかし構図は同じである。なお、本書では「聖運寺幅」と略称した。（編集）

# 付録

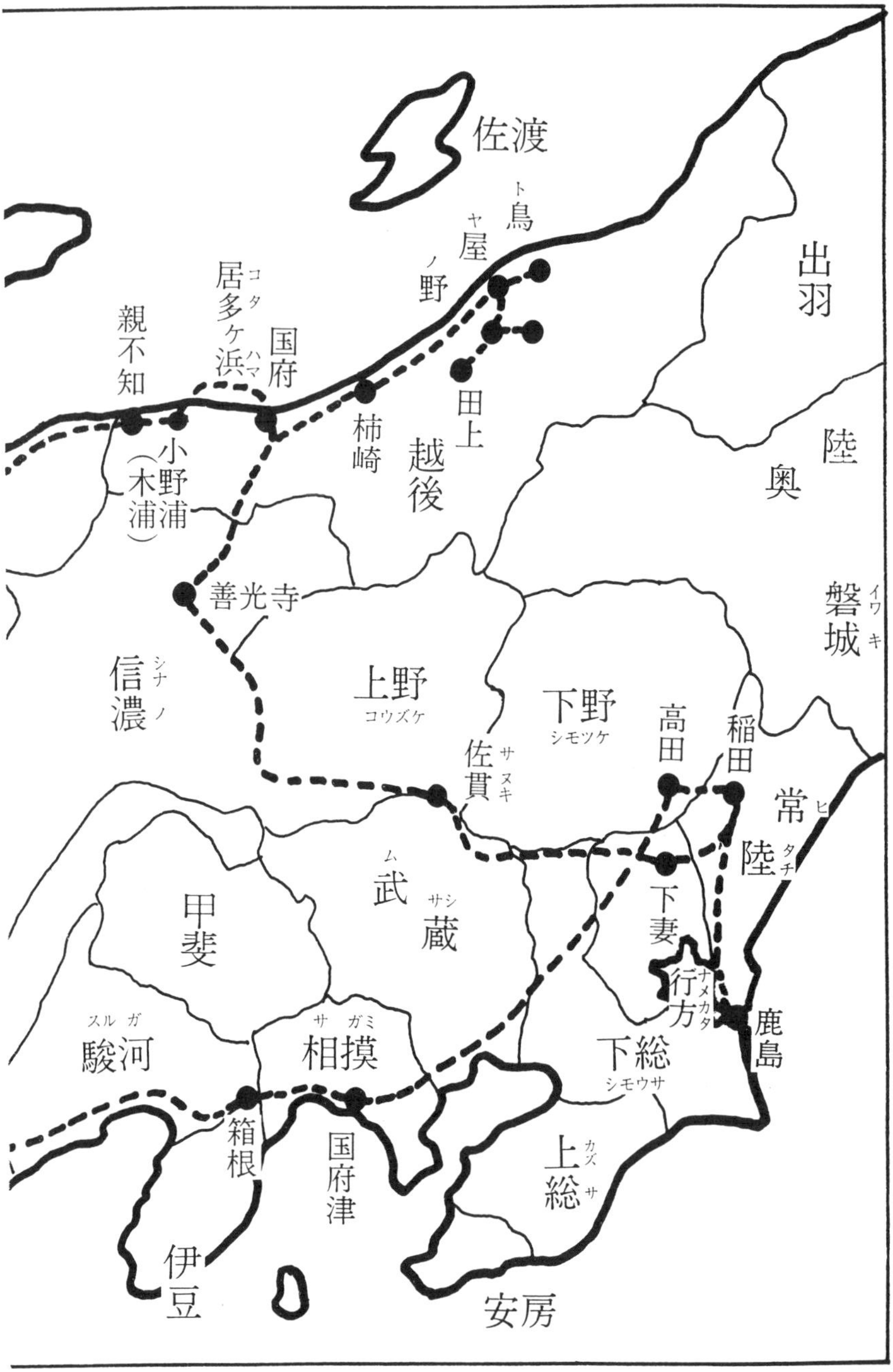

佐渡
鳥《ト》
屋《ヤ》
野《ノ》
居多《コタ》ケ浜《ハマ》
親不知
国府
柿崎
田上
越後
小野浦（木浦）
出羽
陸奥
善光寺
磐城《イワキ》
信濃《シナノ》
上野《コウズケ》
下野《シモツケ》
高田
稲田
佐貫《サヌキ》
常陸《ヒタチ》
武《ム》蔵《サシ》
甲斐
下妻
行方《ナメカタ》
鹿島
駿河《スルガ》
相摸《サガミ》
下総《シモウサ》
箱根
国府津
上総《カズサ》
伊豆
安房

# 親鸞聖人御巡錫地図

能登
越中
加賀
越前
飛驒
若狭
丹後
但馬
丹波
播磨
京都
近江
美濃
摂津
木辺
伊賀
尾張
三河
大和
遠江《トオトウミ》
矢作《ヤハギ》
桑畠
伊勢
紀伊

# 親鸞聖人年譜

## 凡例

一　この年表は、親鸞聖人誕生（一一七三）から、『親鸞伝絵』（弘願本）製作年時までの略年譜である。『真宗聖典』収載の年表をもとに顕著な歴史的事項に限定して記載した。

一　表記には敬称を略した。

一　真宗以外の事項は二字下げにした。

| 西暦 | 和暦 | 親鸞年齢 | 事項 |
|---|---|---|---|
| 一一七三 | 承安三 | 一 | 親鸞誕生。 |
| 一一七五 | 安元一 | 三 | 　源空、専修念仏義を唱える。 |
| 一一八一 | 養和一 | 九 | 親鸞、慈円の下で出家。〈出家学道〉 |
| 一一八二 | 寿永一 | 一〇 | 恵信尼誕生。 |
| 一一八六 | 文治二 | 一四 | 　大原談義。 |
| 一一九二 | 建久三 | 二〇 | 　源頼朝、征夷大将軍となる。 |
| 一一九八 | 建久九 | 二六 | 　源空、『選択集』撰述。 |
| 一二〇〇 | 正治二 | 二八 | 　幕府、念仏宗を禁止。 |
| 一二〇一 | 建仁一 | 二九 | 親鸞、延暦寺を出て六角堂に参籠。聖徳太子の夢告により源空の門に入る。〈吉水入室〉 |
| 一二〇四 | 元久一 | 三二 | 源空、「七箇条制誡」をつくり門弟を戒める。親鸞それに「僧綽空」と署名。 |
| 一二〇五 | 元久二 | 三三 | 親鸞、『選択集』を書写し、源空の真影を図画。また夢告により「綽空」の名を「善信」と改める。〈選択付属〉〈信行両座〉 |
| 一二〇六 | 建永一 | 三四 | 　興福寺衆徒、念仏停止の宣下を請う。〈信心諍論〉 |
| 一二〇七 | 承元一 | 三五 | 　専修念仏停止の院宣くだる。源空とその門弟処罰される。〈念仏停止〉兼実没（五九歳）。<br>親鸞、越後へ遠流。〈師弟配流〉<br>　源空、土佐へ流罪、西意・性願・住蓮・安楽、死罪。 |
| 一二一一 | 建暦一 | 三九 | 親鸞、流罪を許される。〈越後巡錫〉<br>　源空、流罪を許されて入京、東山大谷に住す。 |
| 一二一二 | 建暦二 | 四〇 | 　源空没（八〇歳）。<br>　高弁、『摧邪輪』を著し、『選択集』を批判。 |

| 西暦 | 和暦 | 親鸞年齢 | 事項 |
|---|---|---|---|
| 一二一四 | 建保二 | 四二 | 親鸞、上野国「さぬき」で三部経千部読誦を発願、自力を反省し中止。常陸へ行く。 |
| 一二一七 | 建保五 | 四五 | 親鸞、以後十年稲田在住。〈稲田興法〉 |
| 一二二一 | 承久三 | 四九 | 承久の乱。幕府、後鳥羽上皇を隠岐へ配流。<br>弁円、弟子となる。〈弁円済度〉 |
| 一二二四 | 元仁一 | 五二 | 親鸞、当年を末法に入って六八三年と『教行信証』に記す。<br>延暦寺衆徒の奏請により専修念仏禁止される。<br>覚信尼誕生。 |
| 一二二七 | 嘉禄三 | 五五 | 延暦寺衆徒、法然の墓を破却し、『選択集』の版木を焼却。隆寛ら流罪。 |
| 一二三一 | 寛喜三 | 五九 | 親鸞発熱、病床で『大経』を読み、建保二年の「三部経読誦」の反省を恵信尼に語る。 |
| 一二三四 | 天福二 | 六二 | 幕府、専修念仏禁止。<br>親鸞、京へ帰る。随行は蓮位と専信か。〈箱根示現〉 |
| 一二三五 | 嘉禎一 | 六三 | 如信誕生。京に着く。<br>幕府重ねて専修念仏禁止。 |
| 一二三九 | 延応一 | 六七 | 『選択集』刊行。 |
| 一二四〇 | 仁治一 | 六八 | 平太郎上洛、熊野参詣について尋ねる。〈熊野示現〉 |
| 一二四二 | 仁治三 | 七〇 | 定禅房、親鸞の真影を画く。〈入西鑑察〉 |
| 一二四六 | 寛元四 | 七四 | 親鸞、『唯信鈔』、『自力他力事』を書写。 |
| 一二四七 | 寛元五 | 七五 | 尊蓮、『教行信証』を書写。 |
| 一二四八 | 宝治二 | 七六 | 親鸞、『浄土和讃』・『高僧和讃』を作る。 |
| 一二五〇 | 建長二 | 七八 | 親鸞、『唯信鈔文意』を著す。 |
| 一二五一 | 建長三 | 七九 | 親鸞、書状により常陸の「有念無念」の論争を制止。 |
| 一二五二 | 建長四 | 八〇 | 親鸞、書状により関東の「造悪無碍」の風儀を制止。<br>親鸞、『浄土文類聚鈔』を撰述す。 |
| 一二五三 | 建長五 | 八一 | 日蓮、法華宗を唱える。<br>この年頃、善鸞東国へ下向。 |

| 西暦 | 和暦 | 親鸞年齢 | 事項 |
| --- | --- | --- | --- |
| 一二五四 | 建長六 | 八二 | 親鸞、『唯信鈔』・『後世物語聞書』を書写。 |
| 一二五五 | 建長七 | 八三 | 親鸞、『一念多念分別事』・『自力他力事』を書写。<br>親鸞、『尊号真像銘文』（略本）を著す。<br>親鸞、『浄土三経往生文類』（略本）を撰述す。親鸞、『愚禿鈔』を書く。<br>親鸞、『皇太子聖徳奉讃』を作る。<br>親鸞、火災にあい善法院へ移る。<br>朝円、親鸞の「安城御影」を画く。 |
| 一二五六 | 建長八 | 八四 | 〈蓮位夢想〉<br>親鸞、『入出二門偈』を著す。<br>親鸞、『四十八誓願』を著す。<br>親鸞、善鸞を義絶する。<br>親鸞、『浄土論註』に加点。 |
| | 康元一 | | 親鸞、『西方指南抄』を書写。親鸞、六字・八字・十字名号（本尊）を書く。<br>親鸞、『往相回向還相回向文類』を著す。 |
| 一二五七 | 康元二 | 八五 | 親鸞、『西方指南抄』を書写校合。<br>親鸞、『唯信鈔文意』を転写して顕智・信証に与える。 |

| 西暦 | 和暦 | 親鸞年齢 | 事項 |
| --- | --- | --- | --- |
| | | | 親鸞、夢に「弥陀の本願信ずべし」の文を感得。<br>親鸞、『一念多念文意』を著す。<br>親鸞、『大日本国粟散王聖徳太子奉讃』を作る。親鸞、『浄土三経往生文類』（広本）を転写。 |
| | 正嘉一 | | 親鸞、『如来二種回向文』を転写。<br>親鸞、『上宮太子御記』を著す。<br>親鸞、『浄土文類聚鈔』を転写。<br>親鸞、『一念多念文意』を転写。<br>親鸞、性信・真仏に「信心の行者は諸仏と等し」と教示。 |
| 一二五八 | 正嘉二 | 八六 | 親鸞、『尊号真像銘文』（広本）を著す。<br>親鸞、『三部経大意』を書写。<br>親鸞、『正像末和讃』を補訂。 |
| 一二五九 | 正元一 | 八七 | 親鸞、『選択集』（延書）を書写。 |
| 一二六〇 | 文応一 | 八八 | 親鸞、『浄土三経往生文類』（広本）を転写。<br>『弥陀如来名号徳』成る。 |
| 一二六二 | 弘長二 | 九〇 | 親鸞、押小路南・万里小路東の住居で病臥、入滅。〈入滅葬送〉 |

| 西暦 | 和暦 | 親鸞滅後 | 事項 |
| --- | --- | --- | --- |
| 一二六三 | 弘長三 | 二 | 恵信尼、覚信尼へ書簡三通を出し往年の親鸞のことを書く。 |
| 一二六八 | 文永五 | 七 | 恵信尼この頃没。 |
| 一二七〇 | 文永七 | 九 | 覚如（宗昭）誕生。 |
| 一二七二 | 文永九 | 一一 | 大谷の親鸞の墓を吉水の北へ移し、堂を建て親鸞の影像（御真影）を安置。〈廟堂創立〉 |
| 一二八三 | 弘安六 | 二二 | 覚信尼、東国門徒に書状を書き、廟堂留守職を覚恵に譲ることを告げ、後事を依頼する。 |
| 一二八六 | 弘安九 | 二五 | 覚如、一乗院で出家受戒。行覚に学ぶ。 |
| 一二八七 | 弘安一〇 | 二六 | 覚如、上洛の如信に法義を学ぶ。 |
| 一二八八 | 正応一 | 二七 | 河和田の唯円上洛。覚如、法義を学ぶ。 |
| 一二九〇 | 正応三 | 二九 | 覚如、父覚恵と共に東国へ下向。親鸞の遺跡を巡拝し、善鸞・如信にあう。 |
| 一二九四 | 永仁二 | 三三 | 覚如、『報恩講私記』を著す。 |
| 一二九五 | 永仁三 | 三四 | 覚如、『親鸞伝絵』（初稿）を著す。同本を転写。 |
| 一三〇一 | 正安三 | 四〇 | 覚如、『拾遺古徳伝』を著す。 |
| 一三〇二 | 正安四 | 四一 | 覚恵、廟堂留守職を覚如に譲ることを東国門徒に告げ、後事を依頼する。 |
| 一三〇九 | 延慶二 | 四八 | 覚如、青蓮院で大谷の管領をめぐり唯善と対決、勝訴する。青蓮院、親鸞門徒に大谷影堂復旧を指令。覚如、留守職就任の前提として、門徒に懇望状十二箇条を書く。 |
| 一三一〇 | 延慶三 | 四九 | 覚如、留守職相承券文・懇望状を門徒に提示し、留守職に就任。 |
| 一三一三 | 正和二 | 五二 | 本願寺を公称したのはこれより後、程経ない年か。 |
| 一三一四 | 正和三 | 五三 | 覚如、存覚と尾張へ下向。存覚に大谷管領を譲る。 |
| 一三二六 | 嘉暦一 | 六五 | 覚如、『執持鈔』を著す。 |
| 一三三一 | 元弘一 | 七〇 | 覚如、『口伝鈔』を著す。 |
| 一三三三 | 正慶二 | 七二 | 鎌倉幕府滅亡。 |
| 一三三四 | 建武一 | 七三 | 青蓮院、留守職を安堵。存覚の留守職就任を斥ける。 |
| 一三三六 | 建武三 | 七五 | 足利尊氏の乱で大谷の本廟炎上、初稿の『親鸞伝絵』も焼失。 |
| 一三三七 | 建武四 | 七六 | 覚如、『本願鈔』『改邪鈔』を著す。 |
| 一三三九 | 暦応二 | 七八 | 『親鸞伝絵』の本を入手し書写。 |
| 一三四〇 | 暦応三 | 七九 | 覚如、『願々鈔』を著す。 |
| 一三四三 | 康永二 | 八二 | 覚如、『最要鈔』を著す。『親鸞伝絵』（康永本）成る。 |
| 一三四四 | 康永三 | 八三 | 『親鸞伝絵』（照願寺本）成る。 |
| 一三四六 | 貞和二 | 八五 | 『親鸞伝絵』（弘願本）成る。 |

# 主要参考文献


真宗聖典編纂委員会編『真宗聖典』 東本願寺出版部（昭53）
野田　晋著『親鸞伝絵随釈』 大谷派改観寺刊（昭58）
寺川俊昭著『親鸞聖人—愚禿と名のった仏者—』 東本願寺出版部（昭55）
真宗教学研究所編『宗祖親鸞聖人』 東本願寺出版部（昭53）
『真宗』（昭57）十一月号 真宗大谷派宗務所（昭57）
『同朋』（昭57）十一月号 真宗大谷派宗務所（昭57）
グラフ『東本願寺』 東本願寺出版部（昭56）
真宗大谷派宗務所編『真宗の教えと宗門の歩み』 東本願寺出版部（昭57）
真宗大谷派宗務所式務部編『御伝鈔稽古本』 東本願寺出版部（昭59）
教科書編纂委員会編『教団のあゆみ』 東本願寺出版部（昭61）
教学研究所編『真宗宗祖伝』 東本願寺出版部（昭57）
教学研究所編『親鸞聖人行実』 東本願寺出版部（昭56）
真宗教学研究所編『近代大谷派年表』 東本願寺出版部（昭52）
柏原祐泉著『近代大谷派の教団』 東本願寺出版部（昭61）
細川行信著『大谷祖廟史』 東本願寺出版部（昭60）
藤島達朗著『本廟物語』 東本願寺出版部（昭59）
北西　弘著『覚信尼の生涯』 東本願寺出版部（昭59）
宮崎円遵共著『親鸞聖人』 徳間書店（昭48）
『親鸞—鎌倉仏教の形成と展開—』 平凡社（昭56）
田原慈雲著『親鸞聖人御伝絵指説講話』 洗心書房（大8）
花田凌雲著『御伝鈔講話』 興教書院（明32）
浩々洞同人編『親鸞聖人御伝鈔講話』 無我山房（大3）
佐々木月樵著『親鸞伝絵記』 無我山房（明44）

## 主要参考文献


野々村智剣著『御伝鈔で味わう宗祖のお念仏』　探究社（昭61）
立花慧明著『御伝鈔当用読法修正』　法蔵館（明44）
大谷演慧著『御伝鈔読法所作法』　法蔵館（昭54）
宮崎円遵著『本願寺聖人親鸞伝絵私記』　永田文昌堂（昭58）
真宗史料集成編集委員会編『真宗史料集成』十三巻　同朋舎（昭58）
赤松俊秀著『本願寺聖人伝絵序説』　大谷大学内安居事務所（昭48）
平野団三著『越後と親鸞・恵信尼の足跡』　柿村書店（昭47）
細川行信著『親鸞の史跡と伝説』　あそか書林（昭51）
長田恒雄著『親鸞の詩と書簡』　在家仏教協会（昭31）
吉本隆明著『最後の親鸞』　春秋社（昭56）
石田瑞麿著『親鸞とその妻の手紙』　春秋社（昭54）
赤松俊秀著『親鸞』　吉川弘文館（昭55）
野間　宏著『親鸞』　岩波書店（昭55）
古田武彦著『親鸞』　清水書院（昭45）
石田瑞麿著『親鸞』　中央公論社（昭44）
丹羽文雄著『親鸞』　平凡社（昭47）
山辺習学著『わが親鸞』　第一書房（昭16）
佐々木月樵全集『親鸞聖人伝』　萌文堂（昭2）
山田文昭著『真宗全史』　法蔵館（昭43）
大谷大学編『真宗年表』　法蔵館（昭53）
田村円澄著『法然』　吉川弘文館（昭53）
遠藤元男著『愚管抄』　雄山閣（昭12）
高橋貞一著『平家物語上中下』　講談社（昭26）
川瀬一馬著『方丈記』　講談社（昭23）

# あとがき

真宗の教団は、報恩講《ほうおんこう》教団ともいわれてきました。故暁烏《あけがらす》敏《はや》総長は「真宗門徒は報恩講が正月だ」といわれ、報恩講ごよみということを申しておられたと聞いております。

さて、寄合談合《よりあいだんごう》をすすめられた蓮如《れんによ》上人の真宗再興の事業は、なによりも各地に講《こう》を結んでいかれた結果によるものでした。報恩講は、この講の毎年の総まとめであり、重要な集《つど》いとしての意味をもってきたということにちがいありません。

今回刊行いたします『親鸞聖人伝絵《しんらんしょうにんでんね》』の御絵伝《ごえでん》は、この報恩講の折に必ず本堂にかけられて聖人の徳を偲《しの》ぶよすがとされてきました。どうか、報恩講にはこの本を座右《ざゆう》に参詣していただき、聖人のご一生を讃仰《さんごう》していただけたらと思います。

なお、この本のなるについては、高松信英氏に『御伝鈔《ごでんしょう》』の意訳と「御伝鈔のこころ」を、野田　晋氏には『御絵伝』の各場面解説並びに絵相余説、さらに補注等をご執筆いただきました。また聖運寺（泉宏住職）はじめ、カメラマンの川村赳夫氏など多くの方々に大変お世話になりました。記して感謝の意をささげます。

東本願寺出版

**高松信英**（たかまつ　しんえい）
1934（昭和９）年，長野県生まれ。東京教育大学卒業。1964（昭和39）年，大谷大学大学院修士課程修了。
真宗大谷派善勝寺前住職。飯田女子高等学校長，伊那西高等学校長，飯田女子短期大学長等を歴任。
著　書：『雑草の輝き―歎異抄に学ぶ』（東本願寺出版），『生の讃歌―正信偈に学ぶ』（同）など。

**野田　晋**（のだ　すすむ）
1915（大正４）年，富山県生まれ。法政大学卒業。1947（昭和22）年から28年間，高校国語教員を勤めた後，真宗大谷派改観寺住職。2001（平成13）年11月逝去。
著　書：『親鸞伝絵随釈』（改観寺刊），『ギター伴奏仏教讃歌』（同），『訓通語釈正信念仏偈』（同）など。

**親《しん》鸞《らん》聖人《しょうにん》伝《でん》絵《ね》**　―御伝鈔《ごでんしょう》に学ぶ―

1987（昭和62）年11月25日　第１刷発行
2016（平成28）年10月10日　第12刷発行

著　者　高　松　信　英
　　　　野　田　　　晋
発行者　里　雄　康　意
編集発行　東本願寺出版
（真宗大谷派宗務所出版部）
〒600-8505　京都市下京区烏丸通七条上る
TEL（075）371-9189（販売）
（075）371-5099（編集）
FAX（075）371-9211
印刷・製本　（株）京富士印刷

ISBN978-4-8341-0540-7 C0015
Printed in Japan